国家宏观战略中的关键性问题研究丛书

数字化转型、产业升级与中等收入群体

周黎安 等◎著

科学出版社

北　京

内 容 简 介

面对新一轮技术革命和数字化转型趋势，促进产业转型升级，进一步扩大中等收入群体，对于进入新发展阶段的中国经济具有重要意义。本书聚焦于扩大中等收入群体与产业升级的内在关联与协同发展，着眼于以人工智能与工业机器人等技术为代表的数字化转型与数字经济实践，在系统梳理相关文献的基础上，拓展一般均衡下的宏观理论模型，利用丰富的统计数据和翔实的案例调研对中等收入群体、数字化转型、产业结构升级的内在发展和相互作用进行了系统的分析与预测，并提出了具体的政策建议。

本书适合有关方面的政策制定者和学术研究者，以及关心数字化转型、产业升级与中等收入群体等议题的广大读者阅读。

图书在版编目(CIP)数据

数字化转型、产业升级与中等收入群体/周黎安等著. —北京：科学出版社，2023.1
（国家宏观战略中的关键性问题研究丛书）
ISBN 978-7-03-071241-7

Ⅰ. ①数⋯　Ⅱ. ①周⋯　Ⅲ. ①收入分配–研究–中国　Ⅳ. ①F126.2

中国版本图书馆 CIP 数据核字（2022）第 005344 号

责任编辑：魏如萍/责任校对：贾伟娟
责任印制：赵　博/封面设计：有道设计

科 学 出 版 社 出版
北京东黄城根北街 16 号
邮政编码：100717
http://www.sciencep.com
北京厚诚则铭印刷科技有限公司印刷
科学出版社发行　各地新华书店经销
*
2023 年 1 月第 一 版　　开本：720 × 1000　1/16
2024 年 5 月第三次印刷　　印张：10
字数：200 000
定价：108.00 元
（如有印装质量问题，我社负责调换）

丛书编委会

主　编：

> 侯增谦　副 主 任　国家自然科学基金委员会

副主编：

> 杨列勋　副 局 长　国家自然科学基金委员会计划与政策局
>
> 刘作仪　副 主 任　国家自然科学基金委员会管理科学部
>
> 陈亚军　司　　长　国家发展和改革委员会发展战略和规划司
>
> 邵永春　司　　长　审计署电子数据审计司
>
> 夏颖哲　副 主 任　财政部政府和社会资本合作中心

编委会成员（按姓氏拼音排序）：

> 陈　雯　研 究 员　中国科学院南京地理与湖泊研究所
>
> 范　英　教　　授　北京航空航天大学
>
> 胡朝晖　副 司 长　国家发展和改革委员会发展战略和规划司
>
> 黄汉权　研 究 员　中国宏观经济研究院
>
> 李文杰　副 主 任　财政部政府和社会资本合作中心推广开发部
>
> 廖　华　教　　授　北京理工大学
>
> 马　涛　教　　授　哈尔滨工业大学
>
> 孟　春　研 究 员　国务院发展研究中心
>
> 彭　敏　教　　授　武汉大学
>
> 任之光　处　　长　国家自然科学基金委员会管理科学部
>
> 石　磊　副 司 长　审计署电子数据审计司
>
> 唐志豪　处　　长　审计署电子数据审计司
>
> 涂　毅　主　　任　财政部政府和社会资本合作中心财务部
>
> 王　擎　教　　授　西南财经大学
>
> 王　忠　副 司 长　审计署电子数据审计司
>
> 王大涛　处　　长　审计署电子数据审计司
>
> 吴　刚　处　　长　国家自然科学基金委员会管理科学部
>
> 徐　策　原 处 长　国家发展和改革委员会发展战略和规划司
>
> 杨汝岱　教　　授　北京大学
>
> 张建民　原副司长　国家发展和改革委员会发展战略和规划司
>
> 张晓波　教　　授　北京大学
>
> 周黎安　教　　授　北京大学

本书课题组名单

课题组负责人：周黎安

课题组成员：徐宪平　龚六堂　孟涓涓

　　　　　　虞吉海　王　辉　於　嘉

　　　　　　王　忏　曹光宇　韩非池

　　　　　　刘晨冉　刘蓝予　邓　涵

　　　　　　张　凯　王子琳

丛 书 序

习近平总书记强调，编制和实施国民经济和社会发展五年规划，是我们党治国理政的重要方式①。"十四五"规划是在习近平新时代中国特色社会主义思想指导下，开启全面建设社会主义现代化国家新征程的第一个五年规划。在"十四五"规划开篇布局之际，为了有效应对新时代高质量发展所面临的国内外挑战，迫切需要对国家宏观战略中的关键问题进行系统梳理和深入研究，并在此基础上提炼关键科学问题，开展多学科、大交叉、新范式的研究，为编制实施好"十四五"规划提供有效的、基于科学理性分析的坚实支撑。

2019 年 4 月至 6 月期间，国家发展和改革委员会（简称国家发展改革委）发展战略和规划司来国家自然科学基金委员会（简称自然科学基金委）调研，研讨"十四五"规划国家宏观战略有关关键问题。与此同时，财政部政府和社会资本合作中心向自然科学基金委来函，希望自然科学基金委在探索 PPP（public-private partnership，政府和社会资本合作）改革体制、机制与政策研究上给予基础研究支持。审计署电子数据审计司领导来自然科学基金委与财务局、管理科学部会谈，商讨审计大数据和宏观经济社会运行态势监测与风险预警。

自然科学基金委党组高度重视，由委副主任亲自率队，先后到国家发展改革委、财政部、审计署调研磋商，积极落实习近平总书记关于"四个面向"的重要指示②，探讨面向国家重大需求的科学问题凝练机制，与三部委相关司局进一步沟通明确国家需求，管理科学部召开立项建议研讨会，凝练核心科学问题，并向委务会汇报专项项目资助方案。基于多部委的重要需求，自然科学基金委通过宏观调控经费支持启动"国家宏观战略中的关键问题研究"专项，服务国家重大需求，并于 2019 年 7 月发布"国家宏观战略中的关键问题研究"项目指南。领域包括重大生产力布局、产业链安全战略、能源安全问题、PPP 基础性制度建设、宏观经济风险的审计监测预警等八个方向，汇集了中国宏观经济研究院、国务院发展研究中心、北京大学等多家单位的优秀团队开展研究。

该专项项目面向国家重大需求，在组织方式上进行了一些探索。第一，加强顶层设计，凝练科学问题。管理科学部多次会同各部委领导、学界专家研讨凝练

---

① 《习近平对"十四五"规划编制工作作出重要指示》，www.gov.cn/xinwen/2020-08/06/content_5532818.htm，2020 年 8 月 6 日。

② 《习近平主持召开科学家座谈会强调 面向世界科技前沿面向经济主战场 面向国家重大需求 面向人民生命健康 不断向科学技术广度和深度进军》（《人民日报》2020 年 9 月 12 日第 01 版）。

科学问题，服务于"十四五"规划前期研究，自上而下地引导相关领域的科学家深入了解国家需求，精准确立研究边界，快速发布项目指南，高效推动专项立项。第二，加强项目的全过程管理，设立由科学家和国家部委专家组成的学术指导组，推动科学家和国家部委的交流与联动，充分发挥基础研究服务于国家重大战略需求和决策的作用。第三，加强项目内部交流，通过启动会、中期交流会和结题验收会等环节，督促项目团队聚焦关键科学问题，及时汇报、总结、凝练研究成果，推动项目形成"用得上、用得好"的政策报告，并出版系列丛书。

该专项项目旨在围绕国家经济社会等领域战略部署中的关键科学问题，开展创新性的基础理论和应用研究，为实质性提高我国经济与政策决策能力提供科学理论基础，为国民经济高质量发展提供科学支撑，助力解决我国经济、社会发展和国家安全等方面所面临的实际应用问题。通过专项项目的实施，一方面，不断探索科学问题凝练机制和项目组织管理创新，前瞻部署相关项目，产出"顶天立地"成果；另一方面，不断提升科学的经济管理理论和规范方法，运用精准有效的数据支持，加强与实际管理部门的结合，开展深度的实证性、模型化研究，通过基础研究提供合理可行的政策建议支持。

希望此套丛书的出版能够对我国宏观管理与政策研究起到促进作用，为国家发展改革委、财政部、审计署等有关部门的相关决策提供参考，同时也能对广大科研工作者有所启迪。

侯增谦

2022 年 12 月

目　录

第《一》章

导 论

第一节 研究背景

持续扩大中等收入群体是全面建成小康社会、实现社会主义现代化和共同富裕的基础条件。党的十九大报告指出，从 2020 年到 2035 年，基本实现社会主义现代化的标志之一是要实现"人民生活更为宽裕，中等收入群体比例明显提高，城乡区域发展差距和居民生活水平差距显著缩小，基本公共服务均等化基本实现，全体人民共同富裕迈出坚实步伐"[①]。习近平在中央财经领导小组第十三次会议上指出："扩大中等收入群体，关系全面建成小康社会目标的实现，是转方式调结构的必然要求，是维护社会和谐稳定、国家长治久安的必然要求。"[②]《中华人民共和国国民经济和社会发展第十四个五年规划和 2035 年远景目标纲要》也提出要"坚持居民收入增长和经济增长基本同步、劳动报酬提高和劳动生产率提高基本同步，持续提高低收入群体收入，扩大中等收入群体，更加积极有为地促进共同富裕"。[③]

与此同时，促进产业转型升级，是实现我国经济由高速增长阶段向高质量发展阶段转变的重要途径，是我国供给侧结构性改革的一项主要内容。党的十九大报告指出："必须坚持质量第一、效益优先，以供给侧结构性改革为主线，推动经济发展质量变革、效率变革、动力变革，提高全要素生产率，着力加快建设实体经济、科技创新、现代金融、人力资源协同发展的产业体系，着力构建市场机制有效、微观主体有活力、宏观调控有度的经济体制，不断增强我国经济创新力和竞争力。"[①]

需要注意的是，扩大中等收入群体与产业升级之间并不必然是协调发展的关

---

① 《习近平：决胜全面建成小康社会 夺取新时代中国特色社会主义伟大胜利——在中国共产党第十九次全国代表大会上的报告》，http://www.gov.cn/zhuanti/2017-10/27/content_5234876.htm。

② 《习近平主持召开中央财经领导小组第十三次会议 李克强等出席》，http://www.gov.cn/xinwen/2016-05/16/content_5073837.htm。

③ 《中华人民共和国国民经济和社会发展第十四个五年规划和 2035 年远景目标纲要》，http://www.gov.cn/xinwen/2021-03/13/content_5592681.htm?pc。

系，两者之间也可能存在潜在冲突。随着我国经济总量的迅速扩大以及工业化、城市化进程的加快，中国经济逐渐迈入全新的发展阶段，近年来面临一系列新形势、新问题、新挑战。这些因素使得扩大中等收入群体与产业升级之间的关系变得更为错综复杂，具体而言包括以下四个方面。

第一，从中国经济在全球经济中所处的位置而言，我国产业总体上仍然处于全球价值链的中低端。其一，从增长来源的角度看，在过去一段时间内，我国经济增长主要依赖生产要素的数量扩张和在空间、行业等维度的再配置。但伴随着生产要素数量扩张减缓、再配置空间逐渐减少，源于此的增长动力日渐衰减。其二，从经济结构的角度出发，投资对国内生产总值（gross domestic product，GDP）的拉动效应不断下降，GDP 总量增长中由全要素生产率贡献的份额逐步降低。其三，从产业结构的角度出发，我国迈入中等收入阶段之后，本国制造业的传统比较优势逐渐丧失。一方面制造业向东南亚等发展中国家转移的趋势日益明显，另一方面中国的技术、资本密集型产业的比较优势尚未形成。上述两方面情况双向"夹击"，产业转型升级的压力逐渐凸显，落入"中等收入陷阱"的挑战日益严峻。其四，从人口构成的角度出发，我国提前迈入人口老龄化社会，社会抚养比不断上升，医疗、养老等社会保障资金的压力日趋加大。特别是年轻劳动力短缺以及由此引发的工资水平上升，对中国下一步的产业转型升级形成倒逼压力。总体而言，我国传统的出口导向型、"量大质不优"、缺乏核心技术的经济增长模式面临着严峻的考验，以数量扩张和低成本为主要特征的增长模式难以为继。我们亟须在新的发展阶段塑造新的发展格局。

第二，就国内收入分配的现状而言，收入不平等的问题依然突出，收入分配格局仍有较大调整空间。过去 40 多年，我国在减少贫困方面创造了世界奇迹。但与此同时，我国的基尼系数近 20 年间一直处于世界范围内的高位：基尼系数在"十二五"期间略有下降，但自 2016 年以来又开始有所反弹。截至 2020 年，全国尚有 6 亿人的每月可支配收入在 1000 元左右。自 2020 年以来，在新型冠状病毒肺炎（简称新冠肺炎）疫情的冲击下，我国部分小微企业的生产经营受到较大冲击，低收入人群的就业压力进一步增大，部分白领人群的收入也出现了缩水。诸多不利因素叠加，在一定程度上阻碍了我国中等收入群体的进一步扩大。

第三，以人工智能（artificial intelligence，AI）、工业机器人、大数据、物联网、第五代移动通信技术（5th generation mobile communication technology，5G）为代表的新一轮技术革命和数字化转型方兴未艾，其影响可能超过历史上任何一次产业技术革命，将深刻改变中国的产业、就业和收入分配格局。就科研基础和产业实践而言，中国均处于本轮技术革命的前沿阵地，面临科技进步和产业升级的重大历史机遇。值得注意的是，以人工智能和工业机器人为代表技术的数字化转型和数字经济发展并非一种局部变革，而是会对社会经济产生全方位、立体化的影响，在产业生产过程、各类要素需求、社会收入分配等方面触发一系列连锁反应。例如，工业机器人对劳动力具有替代作用，可能导致传统重复性岗位消失，进而带来工人失业；与之相对，人工智能的大规模应用虽然也可能替代部分劳动力，导致工资下降和新增失业，但同时也可以带动产业升级，创造出数据标记师等新型工作岗位。上述变化势必会对中等收入群体的规模、构成和分布产生重要影响。

第四，中国经济面临的外部经济与政治环境进一步变化，未来面临的不确定性加剧。2020年全球暴发新冠肺炎疫情，当前仍在蔓延，对全球经济格局产生了深刻影响。其一，中美之间的贸易摩擦、科技战并没有因为拜登政府上台而减缓，甚至有加剧的趋势，中美两国间经济与科技脱钩的风险无法完全消除。其二，受迫于国内经济形势和民粹主义浪潮，美国的单边主义倾向加剧，中国制造业所依赖的核心技术面临断供和"卡脖子"威胁。其三，各国经济受疫情影响普遍步入下行区间，从而更加致力于保障本国产业链的稳定与安全，希望促使制造业回流以保证产业链的最低自主性。这对深度融入全球分工体系的中国经济带来了全新的挑战。在此背景下，中国如何守住产业链稳定与安全，在"强链、补链、固链"的前提下实现数字化转型和产业升级，构建以国内大循环为主体、国内国际双循环相互促进的新发展格局，是亟待回答的重要政策问题和战略问题。

给定前述机遇和挑战，面对新一轮技术革命和数字化转型趋势，进一步扩大中等收入群体、促进产业转型升级，对于我国跨越"中等收入陷阱"、对冲人口老龄化的潜在负面影响、应对国际经济冲击、塑造新发展格局均具有重要意义。扩大中等收入群体与推动产业转型升级是实现社会主义现代化的两个关键性条件，是推动我国经济向高质量、高效率、可持续发展方式转变的两种基础动力。产业转型升级、劳动力需求变动、就业与收入的结构性调整、产品需求革新是一个环环相扣的循环系统。需要注意的是，扩大中等收入群体和推动产业转型升级分别着眼于要素市场的分配结构和产品市场的供给情况，二者存在紧密的互动关系。因此，要深入探究这两个问题，就必须充分考虑上述循环的运行机制以及实现良性互动的条件，采取协同推进而非局部突破的思路。

第二节　研究方法与研究内容

本书基于国家自然科学基金委员会宏观应急项目"扩大中等收入群体与促进产业升级协同发展研究"（批准号：71950005）的课题报告改编而成[①]。本书综合

① 本课题依托单位为北京大学光华管理学院，课题组成员来自北京大学、中央财经大学等高校和科研院所。本课题组对国家自然科学基金委员会及各相关单位在此过程中给予的支持表示衷心的感谢。

利用了理论建模、实证分析、案例分析和实地调研等多种研究方法，为整个研究奠定了坚实的方法论基础。

首先，宏观经济模型的构建为本书提供了坚实的理论基础。我们借鉴相关研究的最新进展，尝试构建理论模型以总体刻画数字化转型、产业结构变动与收入分配之间的关系。具体而言，本书以主流文献的理论模型为出发点，设定经济包括制造业和服务业两个部门，同时假设以人工智能为代表的数字化转型对不同部门和不同技能的岗位可能产生差异化的替代效应。在此基础上，我们讨论了数字化转型冲击下，企业生产率、职业（技能）结构、收入结构、消费结构、产业结构等经济变量的变化以及互动。

其次，基于多来源数据的实证分析为本书提供了扎实的事实依据和丰富的研究洞察。在数据来源方面，本书有机整合了人口普查微观数据、区域经济发展数据、多项追踪调查数据；就实证方法而言，本书充分利用了回归分析、机器学习等经典计量工具和前沿统计方法。在既有文献基础上，我们回答了中等收入群体的定义与测度、中等收入群体结构的刻画与预测、企业要素投入的选择依据等一系列重要的实证问题。

最后，案例分析和实地调研为本书提供了产业实践经验和前沿洞见。本轮数字化转型尚在进行之中，诸多关键变量尚未形成有效的数据沉淀。为打破理论模型和实证分析的潜在局限，本课题组走访调研了诸多关键行业的领军企业和小微企业，并就人工智能与岗位创造、人口结构与养老行业等行业案例开展了深入调研，对于理论研究和实证证据提供了有力支撑。

本书聚焦于扩大中等收入群体与产业升级的内在关联与协同发展，着眼于以人工智能与工业机器人等技术为代表的数字化转型和数字经济实践，共包括七章内容。本章为导论，总体介绍本书的研究背景、研究方法与研究内容、主要研究发现。为帮助读者快速、全面把握本书内容结构，现将其余各章内容概述如下。

第二章为文献综述，旨在系统性梳理与扩大中等收入群体、产业升级相关的既有研究。关于中等收入群体、产业升级这两项议题，以及人工智能和工业机器人为代表的技术变革，现有文献已经开展了诸多研究，形成了颇为丰富的研究成果。第二章希望对相关研究进行整体性回顾和梳理，以学术前沿的研究视角审视本书的研究对象，为进一步的理论、实证和案例研究打好基础。在该章当中，本课题组将首先对中等收入群体、产业转型升级、人工智能技术等三个方面的文献进行综述和评议，阐明既有文献的贡献与不完备之处，并在此基础上论述本书的主要切入点和创新点。

第三章为理论分析，希望构建包含数字化转型冲击、企业生产率、职业（技能）结构、收入结构、消费结构、产业结构等变量在内的一般均衡模型。该模型在主流文献研究基础上，对既有模型进行拓展和创新，重点关注数字化转型对不同部门（制造业和服务业）、不同岗位的差异化替代效应。该章还尝试在不同技术场景和政策干预下进行数值模拟，为评估政策效果提供理论基础。基于该理论模型的分析表明：数字技术的使用会降低制造业在 GDP 中的比重，增加服务业在 GDP 中的比重；在服务业中，现代服务业产值相对传统服务业产值上升；资本所有者的报酬会先增后降，最后会收敛到初始水平；高技能劳动力的工资收入相对低技能劳动力的工资收入有所上升。此外，进一步分析表明政府对资本、数字技术、高技能劳动力课税并不会改变上述结论。

第四章首先刻画 2005～2015 年这十年间我国中等收入群体动态变化的特征事实，并进一步讨论中等收入群体与产业结构和消费结构变动间的关系。由第三章的理论分析可知，由技术进步驱动的产业结构升级会导致资本和劳动的相对报酬、高技能与低技能劳动力之间的相对报酬发生变化，进而引发中等收入群体规模的变化。与此同时，中等收入群体规模变化所引起的收入分配结构变动也会推动消费结构变动及消费升级。为系统地探讨上述经济变量间的关系、检验理论模型的预测，第四章共做了三方面工作：第一，本课题组基于人口普查和中国家庭追踪调查（China family panel studies，CFPS）等数据，利用统计分析方法测算了2005～2015 年我国中等收入群体的总体规模，及其在地区、行业、城乡等维度上的分布特征；第二，我们实证探究了中等收入群体变动的底层驱动因素，特别是产业结构转型升级在其中扮演的角色；第三，我们进一步探究了中等收入群体规模变动对消费结构与消费升级的影响。

第五章致力于讨论以人工智能与工业机器人技术为代表的数字化转型对产业结构升级的影响。在该章中，我们将数字化转型作为本轮产业结构升级的主要驱动力和切入点，重点关注人工智能和工业机器人两种代表性技术，探讨数字化转型如何重构我国的产业格局，特别是产业转型升级在此过程中面临的机遇和挑战。具体而言，我们首先关注数字化转型对劳动力市场结构和企业生产经营的影响，其次分行业讨论数字化转型的重塑效应，最后以养老护理行业为例开展实证分析与案例研究。

第六章主要围绕着在 2035 年前数字化转型如何影响中等收入群体的预测展开。该章主要由两部分内容构成。首先，我们以工业机器人为例，分析了该项技术要素在不同企业中的应用情况，探讨了企业技术要素投入决策的影响因素。在此基础上，我们基于既有文献中关于人工智能和工业机器人应用前景的研判，结合第四章中关于中等收入群体在行业、区域、年龄、教育等维度的结构分析，利用机器学习等前沿算法测算以人工智能和工业机器人为代表的数字化转型过程在2025 年、2030 年、2035 年这三个关键时间点上对我国劳动力市场以及中等收入群体的影响幅度。

第七章将在前述所有章节的基础上提出相应的政策建议。在该章中，本课题组基于前述各章理论分析、实证研究和案例研究的结论，从劳动就业、产业升级、社会保障等三个方面出发，共提出九项具体政策建议。该章在讨论具体政策议题时，致力于充分发挥有效市场、有为政府两方面的作用，把握中等收入群体和产业升级间的联动性，希望以激励相容的一揽子政策统筹推进相关工作。

第三节　主要研究发现

如前文所述，本书涉及的研究内容较为广泛，利用的研究方法较为复杂。为保证读者能够充分把握本书的核心观点，我们尝试在本节中对本课题的主要实证发现进行小结，共包含以下三方面内容。

一、2005~2015 年我国中等收入群体动态变化的特征事实

（一）中等收入群体的规模与结构

我们基于 2005 年、2010 年、2015 年的人口普查和 2010～2018 年 CFPS 微观个体及家户数据，实证分析表明在 2005~2015 年的时间里，我国中等收入群体的规模逐年不断增加，近年来有加速增长的趋势。中等收入群体占总人口的比例，2005 年至 2010 年从 1.28% 增长到 4.84%，五年间增加 3.56 个百分点；2010 年至 2015 年从 4.84% 增长到 17.17%，五年间增加 12.33 个百分点。按此增长势头，2020 年中等收入群体占比估计已超过 30%，规模为 4 亿人以上。

从区域分布来看，2005 年我国中等收入群体主要集中于东部沿海地区（如北京、上海、广东、浙江）。但是在接下来的十年内，中西部的绝大多数地区出现中等收入群体规模稳步上升且快于东部沿海地区的增长势头，使得我国中等收入群体的区域分布更加均衡。还有一个令人瞩目的现象是，近年来农村中等收入群体增长迅速，在许多地区农村中等收入群体占该地区中等收入群体的 1/3～1/2。上述发现表明我国的经济增长具有广泛的包容性和分享性。

此外值得一提的是，2005～2015 年中等收入群体区域分布的均衡化，与同一时期我国绝大多数省份的城乡差距稳步缩小、全国地区间收入差距稳步缩小的总体趋势高度一致。上述发现表明，中国在经历了 1995～2005 年地区差距、城乡差距持续拉大的局面之后，于 2005～2015 年实现了地区间收入分配格局的重要逆转。

值得注意的是，东北地区（包括内蒙古）的中等收入群体在 2005～2015 年经历了前 5 年上升、后 5 年下降的变化，这与该地区的城乡差距变动趋势一致，也与近年来东北地区经济持续下行的情况相吻合。从扩大中等收入群体的视角看，过去曾经发挥重要作用的振兴东北等政策的改进效应已经趋近衰竭，亟须出台新

的产业发展和产业升级政策以遏制东北地区情况的进一步恶化。

（二）中等收入群体规模与基尼系数

虽然我国收入分配的基尼系数在 2010～2015 年总体呈下降态势，但自 2016 年开始又恢复上升。与之相对，全国地区差距、城乡差距自 2016 年以来仍然不断收窄，中等收入群体规模也在扩大。既有研究发现，在 2010 年之前，中国收入分配基尼系数的 70%由地区差异（包括城乡差异）决定，而社会群体差异和个体差异因素的影响只占 30%。

虽然地区差距（包括中等收入群体分布的区域差距）、城乡差距自 2010 年以来都在稳步、显著地缩小，但这种地区差距的缩小没有带来全国收入分配基尼系数的明显和持续下降。这表明，在地区差距之外，决定基尼系数的其他因素不仅没有改善，反而出现了一定的退步。有鉴于此，我们认为中国收入分配格局正在出现极为重要的结构性变化：过去我国收入分配基尼系数主要由地区差距和城乡差距驱动，而现在职业、行业、教育程度等因素对收入差距的影响力正在迅速上升。该趋势与发达国家（如美国）基尼系数的决定机制总体一致，即地区差距不占据主要地位。与之相对，以人工智能和工业机器人为代表的技术冲击和数字化转型对劳动力的职业分布、行业分布、技能结构都有重要影响。从这个角度出发，未来 20～30 年，我国在降低基尼系数、改善收入分配格局方面将面临更严峻的挑战。

值得注意的是，过去我国改善收入分配的国家政策主要是以区域经济协调发展战略为主，如西部大开发、东北振兴、中部崛起、新农村建设、乡村振兴等。上述区域性干预政策成效显著，在缩小地区差距上发挥了巨大作用。但是，随着收入差距的决定因素越来越转向社会群体差异和个体差异，我国的收入分配改善政策的重心及具体组合也就必须随之发生调整，即由基于区域协调发展的收入调节政策逐渐转向区域协调发展与个体收入调节并重的组合政策。两相对比，后者更关注个体和职业这一层面，包括收入税、资本税、遗产税、基本收入计划、技能培训、社会保障等。如果我们仍主要寄希望于原有的区域协调发展政策，国家基尼系数居高不下的局面可能难以发生本质改变。

二、中等收入群体与产业结构升级和消费结构变动间的关系

我们从产业结构角度考察了中等收入群体规模的影响因素。实证分析表明：首先，导致中等收入群体规模扩大的因素与制造业、服务业（尤其是附加值较高的金融业、房地产、租赁和商务服务、文化体育等行业）的比重密切相关。其次，一个地区高技术制造业发展情况与中等收入群体占比呈现负相关关系；其潜在原因是，高技术制造业作为技术密集型和资本密集型行业，可能对劳动力存在替代效应。最后，外商直接投资和出口值也对中等收入群体规模有显著影响。

我们从消费结构角度考察了中等收入群体规模对消费升级的影响。实证分析表明：随着中等收入群体规模的不断扩大，人们对旅游、文化产业等服务性行业的需求，以及对房地产、耐用消费品（家用电器、汽车等）相关的制造行业的需求会加速上升。

上述两组分析结果表明：产业扩张和中等收入群体规模的扩大促进了国家层面消费结构的优化和升级；与此同时，在消费升级推动下的产业升级又会进一步推动中等收入群体的扩大。因此，我国中等收入群体扩大与对外开放和产业发展（尤其是产业升级）是有机联系、深度钩稽的过程。中国过去一段时期内的高速经济增长，同时伴随着对全球化的深度融入，以及产业发展、产业升级，该过程本身就内嵌了收入分配、消费结构与产业升级相互促进的良性机制。

但我们的实证分析也同时表明，制造业的发展固然可以促进中等收入群体的扩张，但制造业的高技术化与中等收入群体的扩大并不一定总是协同发展的。制造业高技术的发展（如工业机器人的使用、研发活动的密集化）有可能替代技能水平偏低的劳动力，进而减少中等收入群体规模。制造业高技术化与中等收入群体扩大之间存在潜在冲突，服务业高附加值化与中等收入群体扩大之间则存在协同性，两种差异化作用形成了鲜明对照。

为了从微观层面考察制造业企业使用工业机器人的决定因素及其对劳动力的替代效应，我们采用中国企业-劳动力匹配调查（China employer-employee survey，CEES）数据，对中国制造业的工业机器人使用情况及其影响进行了统计分析。实证结果表明：①从企业所有制角度而言，2015年外商投资企业使用工业机器人比例最高，其次为国有企业和港澳台商投资企业，内地（大陆）私人企业使用工业机器人比例最低。②从时间趋势上看，2017年外商投资企业、港澳台商投资企业、内地（大陆）私人企业使用工业机器人的比例较2015年有明显提升；但国有企业使用工业机器人比例未见明显提升，遂成为2017年使用工业机器人比例最低的企业类型。③从企业所属行业来看，交通运输设备、电力机械和器材与通信设备、计算机、其他电子设备行业的企业使用工业机器人比例最高；各行业企业在2017年使用工业机器人比例较2015年而言均有明显上升。④工业机器人使得企业工人工作的重复性以及手工内容明显减少，而抽象内容（如运用数学处理较复杂问题）显著增多。⑤有一定的实证证据表明，采用工业机器人对于员工存在替代作用；来自广东、江苏和浙江的调研证据表明，工业机器人和自动化大约能够替代20%~30%的制造业工人岗位。

三、预测未来15年内数字化转型对中等收入群体的影响

（一）人工智能的替代效应

本课题组基于最新的国内外研究成果，结合行业专家对不同产业按照中度速

率应用人工智能的估计，在 2025 年、2030 年、2035 年这三个重要时间节点上，推算了我国分行业、职业、性别、地区的中等收入群体规模因人工智能对劳动力的替代效应而可能受到的负面影响。我们发现，如果不施加任何干预，到 2030 年中等收入群体将会因人工智能替代工作岗位而减少 3217 万人，占总人口的比例随之下降 4.29%。[①]

我们对上述发现进行了结构性分析。第一，分城乡看，农村居民和农民工的中等收入群体占比受人工智能替代而下降的比例相比城镇居民更高。这主要是因为对应人群所从事的相关行业中人工智能应用率相对更高，劳动力市场受到冲击的程度也就更大。第二，分地域看，经济较为发达的北京、上海、江苏、浙江、福建、广东等地区中等收入群体受到的冲击较大。到 2030 年，广东、江苏、山东等省份将因人工智能的替代效应而分别有约 376 万人、310 万人、268 万人退出中等收入群体。在经济较为不发达的地区，如四川、贵州、云南、甘肃、青海，广泛采用人工智能的行业发展相对有限，中等收入群体受影响的幅度较小。第三，分性别看，无论是相对占比还是绝对数量，男性都是受人工智能替代效应影响较大的一方。到 2030 年，男性中等收入群体被替代的规模将超过 2169 万人，占比下降约 5%；而女性中等收入群体被替代的规模约为 680 万人，占比下降约 2%。第四，分年龄看，到 2030 年 25～29 岁年龄组的中等收入群体将减少约 722 万人，为受影响最大的群体。随着年龄上升，对应年龄组的中等收入群体受取代的规模随之逐渐下降。第五，分受教育水平看，上过大学的中等收入群体受人工智能替代效应的影响较大，到 2030 年中等收入群体占比将减少约 8 个百分点；而未上过大学的劳动者由于基数较大，对应的中等收入群体被替代数量反而较多，到 2030 年将减少约 2060 万人。

（二）人工智能的创造效应

人工智能会替代一部分劳动力，消灭诸多岗位和职业，同时也会创造大量的新岗位、新职业。一方面，人工智能的发展将会不断增加对具备相关技能和知识的专业人才的需求。根据人力资源和社会保障部 2020 年发布的系列报告[②]，我国人工智能人才缺口超过 500 万人，国内供求比例为 1∶10，供求比例严重失衡，

---

① 麦肯锡全球研究院预计在 2016～2030 年，中国被替代的全职员工的规模大约在 4000 万～4500 万人；如果相关进程进一步加速，到 2030 年将有近 1 亿的劳动者需要更换职业类型。考虑到我们预测的时间区间比麦肯锡长了近 20 年，6295 万中等收入群体被人工智能替代应该不是非常夸张的估计。

② 该系列报告从产生背景、职业定义、就业人群分析、职业发展通道、未来市场需求等维度对一批数字化和产业升级背景下诞生和崛起的新型职业与岗位进行了介绍与汇报，具体包括：云计算工程技术人员（网址：http://www.mohrss.gov.cn/SYrlzyhshbzb/dongtaixinwen/buneiyaowen/rsxw/202009/t20200923_390930.html）、物联网工程技术员（网址：http://www.mohrss.gov.cn/SYrlzyhshbzb/dongtaixinwen/buneiyaowen/rsxw/202004/t20200430_367113.html）、人工智能工程技术人员（网址：http://www.mohrss.gov.cn/SYrlzyhshbzb/dongtaixinwen/buneiyaowen/rsxw/202009/t20200923_390931.html）等。

如果不加强人才培养,到 2025 年人才缺口将突破 1000 万人;而在 2020~2025 年,物联网行业人才需求缺口总量超过 1600 万人,云计算产业将面临 150 万的人才需求,大数据行业 2020 年的人才需求规模约为 210 万人,并在 2025 年前保持 30%~40%的增速扩大。

另一方面,人工智能也会通过提升生产率和实际收入水平从而间接创造出大量新就业机会。据普华永道(PwC,2018a,2018b)估计,在未来 20 年内人工智能及相关技术将通过刺激经济发展从而在中国净增约 12%的就业机会,相当于增加约 9000 万个就业岗位。其中,大部分新增岗位将出现在服务业,预计净增长率为 29%(约 9700 万个),尤其是医疗保健等子行业。建筑业的岗位净增长幅度将达到 23%(约 1400 万个)。再如,来自麦肯锡的 Manyika 等(2017)所撰写的报告显示,人工智能及相关技术到 2030 年将使中国的劳动力需求净增加 16 030 万个工作岗位,其中消费者互动、护理人员、教育人员等职业将分别净增加 5740 万个、2680 万个、1900 万个工作岗位。

因此在替代效应之外,本课题组同样关心对人工智能创造效应(或称收入效应)的量化测算。在本课题的预测框架中,这主要体现为人工智能通过刺激经济发展而创造了额外的劳动力需求,进一步提升了中等收入群体的相对占比与绝对数量。相关分析显示,到 2030 年,人工智能将直接或间接增加约 11 756 万个就业岗位,将有力地促进中等收入群体的进一步扩大。

(三)人工智能影响的总体研判

基于预测工作的结果,本课题组认为人工智能创造的新就业机会远多于其替代和摧毁的工作岗位;在扩大中等收入群体的问题上,人工智能的创造效应略大于替代效应。在 2030 年,受到人工智能发展与使用的综合影响,全国中等收入群体数量将增加 1009 万人,占总人口的比重上升 1.35%。这一结论与其他研究机构的发现不谋而合,也符合我们从自工业革命以来的几次重大技术变革中总结得到的历史经验——虽然每次重大技术变革都会导致一些传统岗位的消失,但最终创造的就业机会远远大于其所摧毁的数量。就中等收入群体扩大而言,以人工智能技术为代表的数字化转型最关键的挑战并非在于中等收入群体的总体规模因人工智能应用而下降,而是结构性失业问题,即一方面有大量被人工智能替代的劳动力无法适应新产业、新岗位的要求而被迫失业,另一方面新岗位、新职业却面临人才紧缺、劳动力供给不足的局面。因此,在制定因应性政策时,一项重要的政策目标就在于:为暂时被人工智能替代的工人提供及时、有效的职业技能培训,以帮助其重新进入劳动力市场,适配新岗位和新职业的劳动力需求。

执笔人:周黎安

第〈二〉章

既有研究回顾

关于中等收入群体、产业转型升级和人工智能等议题，既有文献已经做了诸多富有启发意义的工作。对相关研究进行回顾和梳理，有助于我们从学术前沿的研究视角出发，审视本课题的研究问题，从而进行更为科学和严谨的分析，增强研究结论的可信度。在本章中，我们首先分别从中等收入群体、产业转型升级、人工智能技术等三个方面来系统地梳理既有研究成果，其次在此基础上总结既有研究的局限与不足之处。其中，尤其值得关注的是关于扩大中等收入群体与产业升级二者协调发展的系统性分析还比较薄弱。本书也正是希望在这一方向上取得一些进展与突破。

第一节　关于中等收入群体的相关研究

中等收入群体在经济增长和社会发展进程中发挥着不可替代的作用。长期以来，中等收入群体被视为新生代企业家的摇篮、人力资本投资和储蓄的主体、产品质量溢价的核心支付者（Acemoglu and Zilibotti，1997；Doepke and Zilibotti，2005，2008；Murphy et al.，1989），其定义与测度、结构与分布、变动与展望受到世界范围内的研究者特别是经济学界的高度关注（Banerjee and Duflo，2008）。

在中国情境下，该问题不只是一般意义上关于特征事实的探讨。正如张军（2017）所说，进一步扩大中等收入群体被视为跨越"中等收入陷阱"的关键。既有研究围绕我国的中等收入群体进行了大量讨论，但由于方法、数据等方面存在差异，相关研究的结论并不一致甚至互相矛盾，在趋势判断方面存在重大分歧，自然也就无法得出一致的政策性建议。例如，就中等收入群体规模测算而言，李培林和朱迪（2015）基于中国社会状况调查（Chinese social survey，CSS）数据测算，2006~2013年我国中等收入群体占比为27%~28%；而李强和王昊（2017）利用中国综合社会调查（Chinese general social survey，CGSS）数据判断，2004~2012年中等收入群体占比先降至33.48%的低位，后逐步回升至46.02%。再比如，关于未来一段时期内我国收入群体构成的演进趋势，国家发改委社会发展研究所课题组（2012）认为"到 2020 年我国不同收入群体将开始步入橄榄型结构"，而国家发改委社会发展研究所课题组（2017）则强调"在'压力释放'和经济减速相叠加的背景下，结构性就业矛盾更加突出，相对贫困问题更加显性化，城市新二元对立更加直接，橄榄型社会形成更加困难"。

现有研究之所以结论分歧较大，主要原因在于以下四个方面。

一是中等收入群体的定义方法和筛选标准不同，从而导致实际研究的对象和人群存在差异。例如，在界定中等收入群体时，既可以采用收入的绝对数值（Kharas，2010），也可以采用收入的相对水平（Evans and Marcynyszyn，2004）。在采用相对水平时，又存在多种不同的基准选择，包括贫困线（Evans and Marcynyszyn，2004；Thompson et al.，2005）、收入中位值（Wolfson，1994；van Kerm and Jenkins，2009）、五等分法（US Census Bureau，2000）等。上述方法均有其各自的理论依据和统计基础，应用于中国情境下时自然会得出差异化的特征事实和趋势判断。

二是实证分析所用的核心数据和计量方法不同，因而研究结论彼此之间可比性较低。现有研究所涉及的数据既包括《中国统计年鉴》、城镇和农村收入分组数据等官方发布的加总统计指标，也包括前文曾提到的李培林和朱迪（2015）所用的 CSS、李强和王昊（2017）所用的 CGSS 等由高校和科研院所收集的微观个体数据。不同数据的时间跨度、统计口径和抽样规则各有不同，相应的统计指标和研究结论也难免存在较大差异。

三是政策环境不断变化，对趋势进行研判时所掌握的信息先后有别。收入分配和社会公平历来是党和国家重大政策的核心关切点。为缩小收入差距、促进社会公平，党中央、国务院在既有政策基础上不断出台重要文件，实施相关举措。而较早开展的研究不能充分掌握未来的政策动向，因而在趋势判断等预测性问题上与后续研究存在差异。例如，国家发改委社会发展研究所课题组（2017）认为："减贫规模递减的趋势从本世纪初期已经出现，在'十三五'时期将会更加明显，它可以说是扶贫工作中的一种长期规律。"但党的十九大报告将精准脱贫与防范化解重大风险、污染防治一并列为"三大攻坚战"，并在过去一段时间内作为党和国家的重点工作加以推进。显著的脱贫成果与既有研究中对于低收入人群收入增长的悲观判断形成了鲜明对照。

四是对"收入"这一概念的内涵和外延理解不同，因而在选定测度指标时有较大区别。"收入"是一个流量的概念，向上和向下追溯分别涉及"从哪来"和"到哪去"的问题。从收入来源的角度而言，除了占主体的工资性收入之外，财产性收入的重要性日益凸显；从收入去向来看，收入水平直接决定了消费、储蓄和教育决策。如果将财产、消费、教育等相关因素都考虑进来，那对于中等收入群体的基本画像和规模测算又会有很大不同（国家发改委社会发展研究所课题组，2017；李强和王昊，2017）。例如，Kharas（2010）考虑到消费对于经济增长的拉动作用，尝试以消费支出作为测度、定义中等收入群体的标准。在讨论中等收入群体相关议题时，究竟何种"收入"定义最符合研究方法的需要、最贴近研究问题的初衷，需要视具体的研究背景和语境而定。

总体而言，上述四方面的因素共同决定了，在中等收入群体的定义、测度这一基本问题上，现有研究在方法可靠性、数据时效性、结论可比性等方面仍有较大的提升空间。而由于这一基本问题尚未得到充分解决，既有研究难以在进一步的探讨上达成共识，从而为本项课题留下了较大的余地。这些待决议题包括但不限于以下几个方面：一是系统性整合多方面数据资源，刻画中等收入群体的结构性变化；二是挖掘中等收入群体变动的底层驱动因素，从而推断未来一段时间内中等收入群体的变动趋势；三是预测以人工智能为代表的技术对于就业、收入的冲击，进而研判其对于中等收入群体的影响。

第二节　关于产业转型升级的相关研究

产业转型升级指的是一个地区的产业在产业链与价值链上地位的提升，通常表现为由劳动密集型低价值产业通过升级改造向资本、技术密集型高价值产业的转变（Gereffi，1994，1999；Poon，2004；吴家曦和李华燊，2009）。经济学界就我国产业转型升级的形势、实施方式与影响因素积累了许多研究成果。这些研究成果指出，产业转型升级的核心机制在于自主创新能力的构建；在此过程中，研发投入、市场质量标准提升、原产业的生存压力都是促进企业转型升级的因素（金碚，2011；程惠芳等，2011；孔伟杰，2012）。

值得注意的是，产业结构作为经济发展的均衡结果，受到多重因素的共同影响，其决定过程是一个极为复杂的过程。其决定因素既包括地区禀赋、要素质量等先定差异，又包括贸易水平、总体需求、要素集聚等外部环境，还包括财政支出、增长指标等政策要素。例如，韩峰和阳立高（2020）研究发现，生产性服务业的专业化集聚通过发挥规模经济效应和技术外溢效应，对本地和周边地区制造业结构升级均产生了显著的促进作用，而多样化集聚仅通过规模经济效应促进了本地区制造业结构升级，且长期效应大于短期。刘守英和杨继东（2019）则指出，中国出口产品空间的演变有力地支撑了中国经济复杂度提升和中国经济增长。

在中国情境下讨论产业结构转型升级问题，有三方面问题值得额外关注。首先是地方政府的各类政策工具所发挥的作用。安苑和王珺（2012）指出，财政行为波动会抑制产业结构升级，市场化水平的提升则对此有显著缓解作用。齐鹰飞和 Li Yuanfei（2020）则强调了财政支出对产业转型升级的积极作用，指出财政支出政策可以兼顾"稳增长"和"调结构"的目标。再比如，经济增长指标作为一项治理工具，在我国地方治理和区域竞争中发挥了重要作用。余泳泽和潘妍（2019）

研究表明，以"之上""确保"等硬约束词汇表述的增长目标，会显著抑制服务业结构升级。其次是各地区在此过程中所呈现出的共性与个性。例如，张建华和程文（2012）利用基于回归的不平等分解方法发现，中国各省及东、中、西部地区产业专业化的演变均呈现出"U"形规律，其原因在于消费者需求多样化、厂商技术进步和制度改善的共同作用。虽然各地区均遵循类似的规律，但各地固有的禀赋差异却直接导致了区域发展不均衡的问题，地区原有产业专业化水平、工资水平、交通基础设施、对外贸易及外商直接投资均是其中的重要因素。最后是要关注产业结构调整所带来的衍生性结果。产业结构升级固然是经济增长的成果，但其同样也是其他经济结果的决定要素。例如，郑新业等（2019）研究表明，经济总量通过高耗能行业影响能源需求，经济结构变动是能源需求变动的主要因素。作者进一步提出，判断中国未来能源需求必须充分考虑产业结构调整的影响，全面推动绿色发展将是实现中国能耗总量控制目标的关键选择之一。

从本书的研究视角出发，产业转型升级进程与劳动收入份额和中等收入群体紧密相连，周茂等（2018）对此进行了较为完备的梳理。从一般的研究视角出发，产业转型升级与劳动收入份额下降之间存在着机械性联系（mechanical relationship）。一方面，我国的产业转型升级主要表现为第二、三产业占比的上升和第一产业占比的下降。由于产业自身特质的原因，劳动收入份额在第二、三产业中占比天然较低。因此诸多学者指出，产业转型升级通常伴随着劳动收入份额下降（白重恩和钱震杰，2009，2010；李稻葵等，2009；罗长远和张军，2009）。另一方面，由于产业转型升级通常伴随着资本深化的技术变革，劳动作为一种生产要素在此过程中也会面临挤出效应（黄先海和徐圣，2009；王丹枫，2011；陈宇峰等，2013）。值得注意的是，上述此消彼长的过程并非意味着产业升级会对劳动收入产生无差别打击，不同技能水平的劳动力在此过程中所受冲击存在异质性，部分劳动力可以通过人力资本积累等机制实现收入提升（王丹枫，2011；陈维涛等，2014；周茂等，2018）。

上述研究对于本书具有以下两方面的启发意义。第一，在研究中等收入群体时，要充分把握其收入变动的底层驱动因素，对以产业升级为代表的经济结构要素给予充分关注。要尝试以一般均衡的思考框架统筹研究中等收入群体与产业转型升级问题。第二，在分析劳动收入时，要突出资本深化和技术变革在此过程中发挥的作用，特别是要把握其中非线性关系和异质性影响。

第三节　关于人工智能的相关研究

人工智能是近年来发展势头最迅猛的科技领域，其在产业发展中的巨大潜力引起了国内外学者的广泛关注。目前对人工智能应用前景的研究，大多把人工智能比较笼统地理解为一种泛指的技术进步，对人工智能不同子领域的研发差异、在不同行业的应用差异考虑得较少。郭凯明（2019）将人工智能作为一种技术冲击的特质总结为三个方面：第一，人工智能具有基础设施的外溢性特征，而这种特质决定了市场化机制无法对其进行充分培育，进而需要政府为主体的产业政策支持。第二，人工智能作为一种技术变革将对生产侧产生重大影响，但对劳动或资本都可能产生偏向的替代性。这对于我们的后续分析提出了更高要求，特别是要全面考虑人工智能与劳动力作为两种生产要素的互补性与替代性。第三，不同行业的生产流程和要素配置方式不同，这决定了人工智能在不同产业的应用前景并不相同。因此，在探究人工智能的应用前景和潜在影响时，需要充分把握行业层面的异质性。

从研究范式的角度而言，经济学不同细分领域的学者围绕人工智能开展了大量工作。宏观经济学家尝试搭建具有代表性的分析框架，探索技术进步对就业与收入分配的影响。他们指出：技术进步在短期内主要表现为对就业，特别是低技能型劳动力的替代效应，造成失业以及工资水平的下降；在长期则主要表现为对生产效率的促进、对新行业新就业岗位的创造与替代效应的综合作用（Acemoglu and Restrepo，2017，2018a，2018b）。微观经济学研究者则在实证中发现了自动化对常规化工作的替代，这种影响又牵扯到工资收入不平等、对中等技能劳动力需求下降（Autor et al.，2003；Goos and Manning，2007；Michaels et al.，2014；Autor and Dorn，2013；Gregory et al.，2016）。基于我国企业调查数据的实证研究发现，工业机器人被企业引进以替代工人劳动力和简单技能型劳动，这一影响在制造业中尤为明显。其中，劳动力成本上升、工人的流动性增强以及国家政策的鼓励是企业引进工业机器人进行生产的原因（Cheng et al.，2019）。

从研究问题的角度而言，综合 Furman 和 Seamans（2019）、曹静和周亚林（2018）、陈永伟（2018）的综述性文章的观点，既有经济学研究主要从以下四个方面分析人工智能对经济的影响。一是人工智能对生产率和经济增长的影响。人工智能作为一种技术要素，其首要影响即体现在对供给侧生产率的作用。在理论方面，虽然学者采取了差异化的建模方式，但普遍认为人工智能会显著改善生产率，促进经济增长。但是在实证方面，由于生产率测算本身存在诸多实证挑战，支持上述判断的特征事实和实证证据并不充分，仍有待学者进一步探索。二是人工智能对产业组织的影响。从微观行为而言，人工智能将显著改变企业决策和行为逻辑，通过歧视性定价等形式渗透到市场主体的决策之中；从宏观层面而言，人工智能将直接影响市场结构，重塑竞争、进入、垄断等产业组织概念，并对于反垄断规制等政策提出了全新的要求。三是人工智能对劳动和就业的影响。人工智能固然会直接替代一部分工作岗位的劳动力，但与此同时也可能创造新的劳动需求。这种创造效应一方面体现在对相关科研、工程从业人员需求的上升，另一方面则体现在一些互补性产业的新增就业（如数据标记师等）。人工智能对劳动和就业的总体影响是怎样的，是一个有待数据检验的实证问题。四是人工智能对收入分配的影响。承接第三点，人工智能对劳动和就业的影响，必然随之体现在劳动力收入上。而人工智能对不同子领域、对不同产业的穿透力与辐射面是差异性的，对就业、收入与生产效率的影响也将因地区、产业和具体生产环节而异，这就必然会对总体的收入分配产生相应的影响。换言之，人工智能的蓬勃发展和广泛应用将具有显著的再分配效应。

从本书的主要研究问题出发，在接下来的文献整理中，我们将重点关注人工智能对劳动、就业、收入和不平等的影响。这些问题是海内外学者普遍关心的问题，既有研究也围绕这一议题开展了深入的讨论。例如，Shoham 等（2018）指出，以人工智能、大数据和 5G 通信为代表的新技术会对就业与收入分配产生三种类型的影响，分别是替代程式化劳动、赋能判断决策型劳动以及创造与新技术相关的新岗位。麦肯锡在一份人工智能行业分析报告中，对 800 余个职业、2000 余个工作活动中人工智能技术对劳动时间的替代程度进行了调查与分析，发现在行业间有着显著的差异，其中通信服务、高科技制造、零售和金融咨询将是受人工智能影响最大的领域（Chuis et al.，2016）。接下来我们将选取若干关于人工智能的代表性研究，分别予以介绍。

Korinek 和 Stiglitz（2017）讨论了人工智能技术进步和不平等之间的关系。作者认为技术进步会通过两个渠道来影响不平等：一是创新者的收益分配，二是对其他个体产生影响。首先是关于创新者收益分配问题。在以下两种情况下，创新者会获得超过其创新活动成本的超额收益：第一，其他市场主体进入创新活动受到限制，比如创新对某些特殊技能禀赋存在要求，或者市场结构限制了其他潜在创新者的进入；第二，如果创新活动富有竞争性，由于创新所带来的收益具有高度的随机性，创新只会给少数成功者带来巨额收益，其他绝大多数参与者只会获得很少的回报。这在创新者之间也会造成巨大的收入不平等。其次是创新还会在其他社会个体间造成收入重新分配，进而导致不平等。这种重新分配可以视为创新所带来的外部性，具体而言又可以分为两种：与金钱有关的外部性（pecuniary externalities）和与金钱无关的外部性（non-pecuniary externalities）。与金钱有关的外部性主要体现在价格和工资的变化上：人工智能会替代许多人类的劳动，从而导致这些劳动的需求量下降，工人工资也相应降低。但与此同时，人工智能会增加对某些劳动力种类（比如计算机科学家）的需求，从而提高其工资。由于人工智能被视为一种通用目的技术（general purpose technology），它一定会在未来一段时间内对经济中的许多部门产生影响，并导致各个部门工资出现显著的变化。

除此之外，人工智能创新还会产生与金钱无关的外部性，比如对需求数量造成影响，影响买卖某种商品或者要素的概率，以及总体的失业率等。

该项研究还进一步讨论了工人替代型的人工智能技术进步与再分配之间的关系。在短期内，当其他生产要素不能弹性调整时，在边际上增加一单位机器会降低人类工资，但同时会以零和的方式（zero-sum manner）增加互补要素的回报。在长期，当其他生产要素可以自由调整时，资本和劳动都能以足够低的成本复制。即使不存在进一步的技术变化，经济在要素积累的驱动下，也依然会以 AK 形式（即资本边际报酬不变）指数化增长。如果存在不可复制的互补要素，这些要素最终会限制增长，导致人类工资下降；这些不可复制要素的所有者能够攫取全部创新租金。

与之相对，Korinek 和 Stiglitz（2018）则聚焦于人工智能对经济增长和不平等的影响。其核心观点在于，一旦人工智能超越了人类，经济就会到达奇点，人工智能机器就能够生产更多的机器，从而产生指数型增长。最终，经济增长会被经济中不可复制的生产要素如土地和能源等所限制，从而导致实际工资大幅下降，工人和其他生产要素拥有者之间的不平等会加大。此时如果对不可复制的生产要素征收非扭曲性的税收，将能够实现整个经济系统的帕累托改进，使其中的所有参与者境况都得到改善。但如果此种再分配在技术上不可行，介入直接技术进步可以作为次优的政策工具，用以限制工人的损失。

Agrawal 等（2018）认为，人工智能的发展会极大地加剧不平等问题，其原因可以归结为两方面。第一，人工智能或许存在一定程度的技能偏向（Autor et al.，1998；Akerman et al.，2015），可能会不成比例地增加接受过高等教育的群体的工资，降低只接受过低水平教育的群体的工资。Furman（2018）也强调了这一点，他注意到人工智能所带来的工作损失并非均衡分布，低工资的工作、对学历要求比较低的工作受到的冲击更大。第二，人工智能的发展增加了经济中的资本份额，而这种资本份额的增加以降低劳动收入为代价（Acemoglu and Restrepo，2019；Sachs，2018）。

具体到中国情境中，Zhou 和 Tyers（2019）研究了结构变化和技术变化在 1994 年后中国收入分配不平等中所扮演的角色。作者发现结构变化能解释低技能劳动份额下降的 1/3。作者利用理论模型分析了实际收入不平等和生产要素丰裕度变化、全要素生产率、资本品相对成本、劳动力参与度、财政赤字、失业等因素的量化关系。假设最低工资法的实施导致低技能劳动力的工资具有向下刚性，以及政府可以通过"课税-转移"机制来提高低技能家户的福利，则人工智能的发展可能导致工人失业潮。当然，与其他研究的观察类似，以全要素生产率和人口为代表的其他生产要素的积极变动可以减轻这些不利影响。

第四节　既有研究评述

上述文献综述表明，国内外学者对于中等收入群体、产业升级、人工智能的经济社会影响等方面均做了大量富有启发意义的研究。但是，对于如何将扩大中等收入群体与产业升级协同起来这个重大战略问题，现有的研究尚存在一些短板。

第一，中等收入群体和产业升级在现有文献中的联系并不密切，仅有少数学者将其放在一个统一的框架下进行分析。此外，在新技术（如人工智能、工业机器人）冲击之下，产业结构、就业结构、收入结构、消费结构之间会如何联动，则更是有待发掘的空白地带。由于学者尚未就中等收入群体本身的定义、测度形成共识，上述问题的研究难度被进一步放大。

第二，虽然相关文献讨论了人工智能对产业结构转型升级和要素收入分配格局的影响，但现有研究结果只是取决于不同部门在人工智能产出弹性和人工智能与传统生产方式的替代弹性上的差别。另有部分文献忽略了劳动力之间技能的差别，也忽视了人工智能资本积累的动态影响。但人工智能资本积累显然会影响其相对于不同技能水平的劳动要素的相对价格，进而影响劳动需求。此外，资本积累的增加也会增加对劳动的需求。

第三，现有文献还在一定程度上忽略了部门之间生产率的差异对决定是否使用人工智能进行生产的影响。人工智能技术推广应用后，会导致社会整体生产率提高，从而提高国民收入，这又会进一步提升对人工智能技术的需求，在生产中与人工智能互补的劳动需求也会增加。要充分评估人工智能的经济社会影响，需要将上述一般均衡效应考虑在内。

第四，现有文献没有考虑人工智能推广普及后各部门产品相对价格的变化。产品市场相对价格的变化会直接改变针对各部门产品的需求，而这种需求变动则将诱发新一轮的产业结构调整与转型。在评估人工智能影响的过程中，需要统筹考虑其生产率效应与调结构效应，进而得出更为完善、全面的总体性评估。

执笔人：曹光宇、刘蓝予

第〈三〉章

理 论 模 型

为了理解数字化转型驱动的产业升级与中等收入群体规模变动之间的内在关系，我们建立理论模型来分析以人工智能冲击为代表的数字化转型、产业结构变动、收入分配之间的相互作用。我们建模的主要思路是：在主流文献理论模型的基础上进行拓展，设定经济中存在制造业和服务业两个部门，假设人工智能等技术变化驱动的数字化转型对不同部门、不同技能水平的岗位可能产生不同的替代效应，然后在此模型基础上讨论数字化转型如何影响企业生产率、职业（技能）结构、收入结构、消费结构、产业结构，以及这些环节彼此之间如何循环互动。我们还进行了不同技术场景和政策干预下的数值模拟，为评估政策效果提供理论基础。

模型的定性分析和数值模拟表明：数字技术的使用会降低制造业在 GDP 中的比重，提高服务业在 GDP 中的比重；在服务业中，现代服务业产值相对传统服务业产值上升；资本所有者的报酬会先增后降，最后会收敛到初始水平；高技能劳动工资收入相对低技能劳动工资收入上升。此外，我们还发现政府对资本、数字技术及高技能劳动课税并不会改变模型的主要结论。

第一节 引 言

一、建模思路

改革开放以来，我国经济建设取得了举世瞩目的成就。2020 年在全球疫情肆虐的情况下，我国 GDP 同比增长 2.2%，总量为 1 013 567.0 亿元，人均 GDP 突破 1 万美元[①]。但是随着我国人口红利逐渐消失，资本报酬逐渐下降，单纯由资本积累驱动的经济增长已不可持续。这要求我国加速从以生产要素积累和投入为主要驱动的增长模式转到通过改革和创新提高全要素增长率的新增长模式上来（谢伏瞻等，2020）。

[①] 数据来源：国家统计局，https://data.stats.gov.cn/。

近年来，以人工智能、云计算、大数据、物联网以及量子通信等新技术为代表的新一轮技术革命方兴未艾。新一轮技术革命由于有人工智能赋能，势必将对人类社会产生巨大的影响。我国高度重视新一轮技术革命带来的战略机遇。2017年，党的十九大报告提出要"推动互联网、大数据、人工智能和实体经济深度融合"①。2017年7月，国务院印发《新一代人工智能发展规划》，提出了人工智能三步走战略②。2018年10月31日，习近平在主持中共中央政治局第九次集体学习时强调，"人工智能是新一轮科技革命和产业变革的重要驱动力量，加快发展新一代人工智能是事关我国能否抓住新一轮科技革命和产业变革机遇的战略问题"③。

人工智能的广泛应用将对经济结构和社会收入分配产生深远影响，但目前尚无文献对此问题进行深入研究。因此，本书在经济结构变化模型中引入人工智能这一技术要素，进而研究其对经济结构变化和社会收入分配的影响。

本章建模基于一项重要的特征事实，即 2010~2020 年这十年来我国三次产业中服务业的占比不断提升。统计数据显示：2010 年，我国第二产业在三次产业构成中占比为 46.5%，第三产业占比为 44.2%；但到了 2020 年，我国第二产业在三次产业构成中占比下降到 37.8%，而第三产业占比则上升为 54.5%。图 3.1 给出了我国从 2010 年到 2020 年三次产业构成的变化。

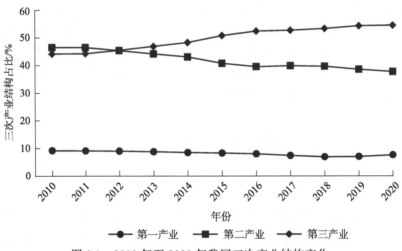

图 3.1 2010 年至 2020 年我国三次产业结构变化

① 《习近平：决胜全面建成小康社会 夺取新时代中国特色社会主义伟大胜利——在中国共产党第十九次全国代表大会上的报告》，http://www.gov.cn/zhuanti/2017-10/27/content_5234876.htm。

② 《国务院关于印发新一代人工智能发展规划的通知》，http://www.gov.cn/zhengce/content/2017-07/20/content_5211996.htm。

③ 《习近平主持中共中央政治局第九次集体学习并讲话》，http://www.gov.cn/xinwen/2018-10/31/content_5336251.htm。

具体而言，本章构建了一个包含制造业和服务业的两部门结构变化模型。与文献不同的是，本章在服务业内部进一步区分了传统服务业和现代服务业。在制造业部门，人工智能和低技能劳动之间存在替代关系，但人工智能和低技能劳动的复合品与高技能劳动之间既可以存在替代关系也可以存在互补关系。人工智能和低技能劳动的复合品与高技能劳动再次复合后，可以与资本一起生产制造业产品。在服务业部门，传统服务业和现代服务业之间存在互补关系。传统服务业使用人工智能和低技能劳动进行生产，其中有一部分低技能劳动可以被人工智能替代，另一部分不可以被替代。现代服务业不使用人工智能，只使用高、低技能劳动和资本进行生产。为研究人工智能对经济结构变化的影响，本书假定人工智能技术进步增速比经济中其他变量增速要快。

为研究人工智能对收入分配的影响，本书引入三种类型家户：低技能劳动家户、高技能劳动家户、富裕家户。与低技能劳动不同，高技能劳动的技能会随着人力资本的积累而不断增长。与高、低技能劳动家户不同，富裕家户拥有资本和人工智能，可以通过投资来积累资本和人工智能。

本章发现，人工智能会导致经济发生结构变化。具体而言，制造业在 GDP 中的比重会下降，服务业在 GDP 中的比重会上升；在服务业内部，现代服务业相对传统服务业的比重会上升。在经济结构变化过程中，社会收入分配也会发生变化。具体而言：资本和人工智能的收益率均会上升，且人工智能的收益率高于资本的收益率，但富裕家户的报酬最后会收敛到初始水平；从劳动回报来看，低技能和高技能劳动回报均会上升，但高技能劳动相对低技能劳动回报上升更多。

为研究政府税收对经济结构变化和社会收入分配的影响，本章假定政府在生产端对资本、人工智能和高技能劳动家户课税，并转移给低技能家户。本章发现，政府税收并不会改变模型主要结论。

二、相关文献

与本章相关的文献主要有两支，分别是人工智能和结构变化。下面分别予以介绍。

人工智能的发展使许多人担心劳动会被机器替代（Brynjolfsson and McAfee，2014；Autor，2015）。美国国民收入中劳动份额以及就业率的下降（Karabarbounis and Neiman，2014；Oberfield and Raval，2021）就被许多人解读为劳动力竞争不过机器导致工人的相对工资甚至绝对工资下降。针对人工智能对劳动力市场的影响，研究人员在理论和实证方面均展开了相关研究。

在理论方面，Acemoglu 和 Restrepo（2018a）建立了一个基于任务的（task-based）一般均衡框架，认为人工智能在替代人类所执行的任务时，也会创造出一些人类有比较优势的新任务。分析结果表明，如果相对工资而言，资本租赁价格非常低，则利用人工智能创造新任务的激励不足，此时人工智能会对任务进行完全替代。否则，人工智能会以相同的速度创造任务和替代任务。基于 Autor 和 Dorn（2013）以及 Goos 等（2014）的研究，Gregory 等（2016）研究了当替代常规化工作（routine jobs）的技术进步发生时，劳动需求如何变化。该类技术进步会通过三个渠道来影响劳动力市场，分别是：替代效应；产品需求效应；产品需求溢出效应。由于这些效应有正有负，净劳动需求效应在事前是不清楚的，需要实证分析。Acemoglu 和 Restrepo（2018b）在基于任务的框架内首次同时考虑了低技能自动化与高技能自动化。自动化机器既可以替代低技能劳动也可以替代高技能劳动。这两类自动化产生了替代效应和生产率效应。替代效应会直接降低被替代劳动的工资，而生产率效应会增加所有劳动的工资。自动化机器产生的替代还会产生涟漪效应（ripple effect），高技能自动化替代高技能劳动后，高技能劳动会和低技能劳动竞争，从而对低技能劳动产生替代。由于自动化产生的替代效应对直接被替代的劳动产生的影响总是更大的，低技能自动化增加了社会不平等程度，而高技能自动化降低了社会不平等程度。

在实证研究方面，Frey 和 Osborne（2017）把美国劳动力市场的职业分成 702 类，进而研究人工智能对这些职业的影响。他们的研究表明，未来 20 年会有 47% 的职业处于被人工智能替代的风险之中。Graetz 和 Michaels（2018）利用国际机器人联合会（International Federation of Robotics, IFR）的数据研究了 1993～2007 年机器人的使用对 17 个国家的影响。研究表明：机器人的使用使年劳动生产率提高了大约 0.36 个百分点，同时也提高了全要素生产率，但降低了产出品价格；机器人的使用并没有显著降低总体就业水平，但确实降低了低技能劳动力的就业份额。Seamans 和 Raj（2018）总结了人工智能对劳动和生产率影响的实证研究，认为这些研究使用的都是行业或者国家层面的数据，尚不足以深入地研究人工智能对劳动的互补或替代条件。而用厂商层面的数据则可以研究人工智能对不同规模厂商、企业家、创新者、地区经济的影响，以及市场结构在技术采纳中的角色。根据 IFR 的统计，中国已经成为世界上机器人使用量最大的国家。这会对中国劳动力市场造成怎样的影响，是一个值得研究的问题。王永钦和董雯（2020）使用中国行业机器人应用微观数据和制造业上市公司的数据对这一问题进行了研究。研究结果表明：工业机器人渗透度每增加 1%，企业的劳动力需求下降 0.18%；而且机器人的使用对不同技能的劳动力影响存在显著差异，但对企业工资水平没有明显影响。这一影响在高市场集中度行业、高外部融资依赖度的行业及非国有企业更显著。利用中国数据，Zhou 等（2020）发现人工智能对女性、老年劳动力、受教育水平较低的劳动力以及低收入劳动力会产生较大的替代作用。估计结果表明：到 2049 年，会有 2.78 亿劳动力被人工智能替代，这一数据占当前就业市场规模的 35.8%。

在经济发展过程中会出现经济结构变化，即资本和劳动会跨部门进行重新配置（Kuznets，1973；Herrendorf et al.，2014）。经济结构变化首先表现为农业规模在经济中逐渐下降，工业逐渐兴起，与之相伴随的是资本和劳动从农业部门重新配置到工业部门。随着收入的增加，服务业逐渐成为经济中最重要的部门。既有文献主要通过供给和需求两个渠道来解释经济结构变化。供给渠道主要是指由于经济中各个部门技术进步率和资本密集度有差异，从而导致各个部门产品相对价格发生变化，进而影响消费需求中各个部门产品的构成（Baumol，1967；Ngai and Pissarides，2007；Acemoglu and Guerrieri，2008；Alvarez-Cuadrado et al.，2017；Herrendorf et al.，2014）。需求渠道主要是指当收入增长以后，家庭户由于需求收入弹性存在异质性（偏好的非位似性），导致对各个部门生产产品的需求不同，进而影响经济的结构变化（Kongsamut et al.，2001；Gollin et al.，2002；Boppart，2014；Comin et al.，2021）。

对于中国经济，郭凯明（2019）在多部门一般均衡模型中研究了人工智能对产业结构升级和要素收入分配格局的影响，发现人工智能会促进生产要素在产业部门间的流动，流动方向取决于不同部门在人工智能产出弹性和人工智能与传统生产方式的替代弹性上的差别。

接下来，我们会首先介绍模型，其次分析经济渐进稳态和动态转移路径，最后给出结论。

第二节　模　型　设　定

假设经济中存在一个代表性最终产品厂商，其产品 Y_t 由制造业产出 Y_{Mt} 和服务业产出 Y_{St} 经 CES（constant elasticity of substitution，常替代弹性）函数复合而成：

$$Y_t = \left[\theta^M \left(Y_{Mt} - \overline{Y}_M \right)^\lambda + \left(1 - \theta^M \right) \left(Y_{St} + \overline{Y}_S \right)^\lambda \right]^{\frac{1}{\lambda}}$$

其中，$\overline{Y}_M$ 和 $\overline{Y}_S$ 分别为家户对制造业产出和服务业产出的最低需求；系数 θ^M 刻画了家户对于制造业产品的偏爱程度，θ^M 越大，制造业产出在最终产品中的占比越高。根据 Kongsamut 等（2001）的设定，$\overline{Y}_M$ 和 $\overline{Y}_S$ 均大于零，这说明即使服务业产出为零，家户也会生产服务业产出用于消费[①]。我们以最终产品为计价物，其价格为 1。

此外，根据 Ngai 和 Pissarides（2007）的设定，合成最终产品的制造业产出和服务业产出是互补的，即参数 $\lambda \in (-\infty, 0)$。这意味着随着制造业部门的技术进步，

---

① 随着家庭户收入增加，其对于制造业产出和服务业产出需求均会增加，最终产品的设定方式会保证需求导致的经济结构变化逐渐偏向于服务业部门。

服务业部门产品价格相对于制造业部门产品价格会上升，这会导致经济中服务业占比不断上升。

最终产品部门是完全竞争的，代表性厂商获得零利润，这意味着：

$$Y_t - P_t^M Y_{Mt} - P_t^S Y_{St} = 0$$

其中，P_t^M 和 P_t^S 分别为制造业部门和服务业部门产品价格。

一、家户

为研究人工智能对经济中不同类型劳动的影响，本章引入了三种类型家户，分别是高技能劳动家户、低技能劳动家户和富裕家户。高技能劳动和低技能劳动在生产中扮演的角色不同，富裕家户则积累资本和人工智能。由于人工智能会在生产中替代低技能劳动，从而减少低技能劳动家户的收入。为了降低收入不平等，本章假设政府可以征收税收对低技能劳动家户进行补贴。

（一）高技能劳动家户

高技能劳动家户 S 最大化效用函数如下：

$$\sum_{t=0}^{\infty} \beta^t \frac{\left(C_t^S\right)^{\varphi-1}-1}{\varphi-1}$$

其中，β 为贴现因子；C_t^S 为消费；φ 为相对风险厌恶系数。当相对风险厌恶系数为 1 时，高技能劳动家户 S 的效用函数为 $\sum_{t=0}^{\infty} \beta^t \log C_t^S$。

高技能劳动家户 S 面临如下预算约束：

$$C_t^S = W_t^S \overline{N}_t^S$$

其中，W_t^S 为高技能劳动家户提供一单位劳动所获得的工资；$\overline{N}_t^S$ 为高技能劳动家户提供的劳动总量。高技能劳动家户每一期总劳动供给是无弹性的。

与低技能劳动不同，高技能劳动的技能会随着人力资本的积累而不断增长，即一单位高技能劳动投入会因为人力资本因素产生 A_t^S 单位有效劳动。A_t^S 会以 g_t^S 的增速增长，即 $\frac{A_t^S}{A_{t-1}^S} = 1 + g_t^S$。

（二）低技能劳动家户

低技能劳动家户 U 最大化效用函数如下：

$$\sum_{t=0}^{\infty} \beta^t \frac{\left(C_t^U\right)^{\varphi-1}-1}{\varphi-1}$$

其中，C_t^U 为消费，我们假定低技能劳动家户的贴现因子和相对风险厌恶系数与高技能劳动家户一样。

低技能劳动家户 U 面临如下预算约束：

$$C_t^U = W_t^U \overline{N}_t^U + T_t^U$$

其中，W_t^U 为低技能劳动家户提供一单位劳动所获得的工资；$\overline{N}_t^U$ 为低技能劳动家户提供的劳动总量；T_t^U 为政府给予低技能劳动家户的补贴。低技能劳动家户每一期总劳动供给是无弹性的。

（三）富裕家户

富裕家户 K 最大化效用函数如下：

$$\sum_{t=0}^{\infty} \beta^t \frac{\left(C_t^K\right)^{\varphi-1} - 1}{\varphi - 1}$$

其中，C_t^K 为消费，我们假定富裕家户的贴现因子和相对风险厌恶系数与高、低技能劳动家户一样。

与高、低技能劳动家户不同，经济中的资本和人工智能由富裕家户持有，富裕家户可以通过投资来积累资本和人工智能。富裕家户 K 面临如下预算约束：

$$C_t^K + I_t^K + I_t^Z + \frac{\nu_K}{2}\left(\frac{I_t^K}{K_t} - \delta_K\right)K_t + \frac{\nu_Z}{2}\left(\frac{I_t^Z}{Z_t} - \delta_Z\right)Z_t \leqslant R_t^K K_t + R_t^Z Z_t$$

其中，K_t 为实物资本；Z_t 为人工智能；I_t^K 为实物资本投资；I_t^Z 为人工智能投资；$\frac{\nu_K}{2}\left(\frac{I_t^K}{K_t} - \delta_K\right)K_t$ 为实物资本投资调整成本；ν_K 为实物资本投资调整成本系数；δ_K 为资本折旧率；$\frac{\nu_Z}{2}\left(\frac{I_t^Z}{Z_t} - \delta_Z\right)Z_t$ 为人工智能投资调整成本；ν_Z 为人工智能投资调整成本系数；δ_Z 为人工智能折旧率；R_t^K 和 R_t^Z 分别为资本和人工智能的边际回报。

由于人工智能技术不断更新，假设一单位人工智能投入使用后，可以获得 A_t^Z 单位有效人工智能，A_t^Z 会以 g_t^Z 的增速增长，即 $\frac{A_t^Z}{A_{t-1}^Z} = 1 + g_t^Z$。鉴于人工智能等技术是新一代技术革命的代表性技术，我们假定在所有外生增速中，人工智能技术增速最快。

为改善不同类型家户收入分配，本章假定政府会对资本、人工智能和高技能劳动家户课税，但课税发生在生产端。后文会对此进行详细刻画。

二、厂商

一般而言，在结构变化的文献中，由于制造业技术进步较快，制造业产品相对于服务业产品价格会下降，这导致制造业在经济中的份额会逐渐下降。虽然服务业整体技术进步比制造业慢，但如果把服务业划分为传统服务业和现代服务业，数据显示现代服务业增速虽比制造业稍慢，但比传统服务业快。

虽然现代服务业比传统服务业增速要快，但其价格却并没有出现相对下降的趋势。这主要是因为两种类型服务业所使用的劳动不用，现代服务业使用大量的高技能劳动，而传统服务业部门则使用较多的低技能劳动。高技能劳动的成本比低技能劳动高，因而现代服务业相对传统服务业增速较快并没有导致其价格出现相对下降趋势。

当人工智能在制造业部门产生替代效应以后，释放出的劳动会进入服务业。而人工智能是否会导致"鲍莫尔病"，则将取决于从制造业中释放的劳动究竟会进入传统服务业还是现代服务业。

（一）制造业

制造业部门 M 代表性厂商的生产函数为

$$Y_{Mt} = A_t^M K_{Mt}^{\alpha_M} N_{Mt}^{1-\alpha_M}$$

其中，Y_{Mt} 为制造业部门产出；A_t^M 为制造业部门生产技术水平；K_{Mt} 为资本投入；N_{Mt} 为劳动与人工智能复合品；α_M 为资本在生产中所占的份额。A_t^M 的增速为 g_t^M，即 $g_t^M = \dfrac{A_t^M}{A_{t-1}^M} - 1$。

劳动与人工智能复合品 N_{Mt} 是由低技能劳动和人工智能的复合品再与高技能劳动复合而成，也即

$$N_{Mt} = \left[\left(1 - v_{MS}\right) X_{Mt}^{\lambda_M} + v_{MS} \left(A_t^S N_{Mt}^S \right)^{\lambda_M} \right]^{\frac{1}{\lambda_M}}$$

其中，N_{Mt}^S 为高技能劳动；v_{MS} 为高技能劳动在劳动与人工智能复合品中所占的份额；$\lambda_M \in (-\infty, \gamma_M)$ 刻画了高技能劳动、低技能劳动与人工智能复合品之间的互补替代关系。低技能劳动和人工智能复合品 X_{Mt} 的表达式如下：

$$X_{Mt} = \left[\left(1 - v_{MZ}\right) \left(N_{Mt}^U \right)^{\gamma_M} + v_{MZ} \left(A_t^Z Z_{Mt} \right)^{\gamma_M} \right]^{\frac{1}{\gamma_M}}$$

其中，N_{Mt}^U 为低技能劳动；v_{MZ} 为人工智能在低技能劳动和人工智能复合品中所

占的份额；Z_{Mt} 为人工智能；$\gamma_M \in (0,1)$ 意味着低技能劳动和人工智能之间存在替代关系。

由于 $\lambda_M \in (-\infty, \gamma_M)$，这意味着人工智能和高技能劳动之间可能存在互补关系，也可能存在替代关系。但正如后文所示，无论是互补还是替代，都不会对结构变化产生影响。即使人工智能会替代高技能劳动，但由于替代程度小于对低技能劳动的替代，人工智能对高技能劳动的影响要小于对低技能劳动的影响。

制造业部门代表性厂商的利润函数 Π_{Mt} 为

$$\Pi_{Mt} = P_t^M Y_{Mt} - \left(1 + \tau_t^K\right) R_t^K K_{Mt} - \left(1 + \tau_t^Z\right) R_t^Z Z_{Mt} - \left(1 + \tau_t^S\right) W_t^S N_{Mt}^S - W_t^U N_{Mt}^U$$

其中，P_t^M 为制造业部门生产的产品价格；τ_t^K、τ_t^Z、τ_t^S 分别为对资本、人工智能和高技能劳动征收的税收。

（二）服务业

服务业包含两个部门：传统服务业和现代服务业。服务业产出 Y_t^S 由传统服务业产出 Y_t^L 和现代服务业产出 Y_t^H 经 CES 复合而成：

$$Y_t^S = \left[\nu_H \left(Y_t^H\right)^{\lambda_S} + \left(1 - \nu_H\right)\left(Y_t^L\right)^{\lambda_S}\right]^{\frac{1}{\lambda_S}}$$

其中，ν_H 为现代服务业在服务业中的占比；$\lambda_S \in (-\infty, 0)$ 为传统服务业和现代服务业互补。

传统服务业部门厂商的生产函数为

$$Y_t^L = A_t^L \left[\nu_{LU} \left(N_{LZt}^U\right)^{\gamma_L} + \left(1 - \nu_{LU}\right)\left(A_t^Z Z_{Lt}\right)^{\gamma_L}\right]^{\frac{1 - \alpha^L}{\gamma_L}} \left(N_{LNt}^U\right)^{\alpha^L}$$

其中，N_{LNt}^U 为传统服务业部门中不可被人工智能替代的低技能劳动；α^L 为不可被人工智能替代的低技能劳动在产出中的占比；Z_{Lt} 为人工智能；N_{LZt}^U 为可以被人工智能替代的低技能劳动；$\gamma_L \in (0,1)$ 表明人工智能对低技能劳动的替代程度；ν_{LU} 代表可以被人工智能替代的低技能劳动相对人工智能所获得的收入份额；A_t^L 为传统服务业部门技术水平，其增速为 g_t^L，即 $g_t^L = \dfrac{A_t^L - A_{t-1}^L}{A_{t-1}^L}$。

传统服务业部门厂商的利润函数为

$$\Pi_{Lt} = P_t^L Y_t^L - \left(1 + \tau_t^Z\right) R_t^Z Z_{Lt} - W_t^U \left(N_{LNt}^U + N_{LZt}^U\right)$$

其中，P_t^L 为服务业部门产出品价格。

假定人工智能不会对现代服务业部门劳动产生影响。现代服务业部门厂商的

生产函数为

$$Y_t^H = A_t^H K_{Ht}^{1-\alpha^H-\beta^H} \left(N_{Ht}^U\right)^{\alpha^H} \left(A_t^S N_{Ht}^S\right)^{\beta^H}$$

其中，K_{Ht} 为资本；N_{Ht}^S 为高技能劳动；N_{Ht}^U 为低技能劳动；α^H 为低技能劳动在现代服务业生产中的占比；β^H 为高技能劳动在现代服务业生产中的占比；A_t^H 为现代服务业部门技术水平，其增速为 g_t^H，即 $g_t^H = \dfrac{A_t^H - A_{t-1}^H}{A_{t-1}^H}$。

现代服务业部门厂商的利润函数为

$$\Pi_{Ht} = P_t^H Y_t^H - \left(1+\tau_t^K\right)R_t^K K_{Ht} - \left(1+\tau_t^S\right)W_t^S N_{Ht}^S - W_t^U N_{Ht}^U$$

其中，P_t^H 为服务业部门产出品价格。

三、市场出清条件

最终产品市场出清条件为

$$I_t^Z + \frac{v_Z}{2}\left(\frac{I_t^Z}{Z_t}-\delta_Z\right)^2 Z_t + I_t^K + \frac{v_K}{2}\left(\frac{I_t^K}{K_t}-\delta_K\right)^2 K_t + C_t^K + C_t^S + C_t^U = Y_t$$

资本市场出清条件为

$$K_{Mt} + K_{Ht} = K_t$$

人工智能市场出清条件为

$$Z_{Mt} + Z_{Lt} = Z_t$$

高技能劳动市场出清条件为

$$N_{Mt}^S + N_{Ht}^S = \overline{N}_t^S$$

低技能劳动市场出清条件为

$$N_{Mt}^U + N_{LNt}^U + N_{LZt}^U + N_{Ht}^U = \overline{N}_t^U$$

资本运动方程为

$$K_{t+1} = I_t^K + \left(1-\delta_K\right)K_t$$

人工智能运动方程为

$$Z_{t+1} = I_t^Z + \left(1-\delta_Z\right)Z_t$$

我们假设政府财政收支平衡，此时，政府面临如下预算约束：

$$\tau_t^K R_t^K K_t + \tau_t^S W_t^S N_t^S + \tau_t^Z R_t^Z Z_t = T_t^U$$

第三节　经济分析

一、渐进稳态

当时间趋向无穷且满足如下条件时，经济到达渐进稳态，这些条件包括：①各个产品相对价格不再变化；②高技能劳动和低技能劳动增速相同且为常数；③资本税、人工智能税及高技能劳动收入税收均为常数；④制造业部门、现代服务业和传统服务业部门经济增速均为常数。

为刻画经济到达渐进稳态时所具有的性质，我们对模型参数做如下限定：

$$\lim_{t\to\infty}\left(1+g_{t+1}^M\right) > \lim_{t\to\infty}\left[\frac{1-\alpha^M}{\alpha^H+\beta^H}\left(1+g_{t+1}^H\right)\right]$$

$$\lim_{t\to\infty}\left(1+g_{t+1}^Z\right) > \lim_{t\to\infty}\left\{\frac{\alpha^L}{1-\alpha^L}\left[\frac{1}{\alpha^H+\beta^H}\left(1+g_{t+1}^H\right)-\frac{1}{\alpha^L}g_{t+1}^L\right]\right\}$$

$$\beta^H+\alpha_M>1$$

对参数的第一个限定条件意味着现代服务业增速不如制造业增速高，这一限定条件会保证在经济发生结构变化时，服务业的占比会逐渐超过制造业。对参数的第二个限定条件意味着人工智能技术进步较快，从而会导致经济结构发生变化。当人工智能技术进步导致经济结构发生变化时，这一条件也意味着传统服务业产品相对现代服务业产品价格会不断下降，传统服务业在服务业内占比不会超过现代服务业。因而，当人工智能技术进步导致经济结构发生变化时，服务业内部会发生调整，传统服务业会收缩，而现代服务业会扩张。对参数的第三个限定条件意味着现代服务业比制造业更依赖于高技能劳动。

当模型参数满足上述三个限定条件时，我们可以得到如下结论：

$$\lim_{t\to\infty}\frac{P_t^H Y_t^H}{P_t^S Y_t^S}=1,\ \lim_{t\to\infty}\frac{P_t^S Y_t^S}{Y_t}=1$$

$$\lim_{t\to\infty}\frac{W_t^S N_t^S}{Y_t}=\beta^H>1-\alpha_M$$

$$\lim_{t\to\infty}\frac{Y_{t+1}}{Y_t}=\lim_{t\to\infty}\left[\left(1+g_{t+1}^H\right)\left(1+g_{t+1}^S\right)^{\beta_H}\right]^{\frac{1}{\alpha^H+\beta^H}}$$

$$\lim_{t\to\infty}\frac{Y_{Ht+1}}{Y_{Ht}}=\lim_{t\to\infty}\left[\left(1+g_{t+1}^H\right)\left(1+g_{t+1}^S\right)^{\beta_H}\right]^{\frac{1}{\alpha^H+\beta^H}}$$

$$\lim_{t\to\infty}\frac{Y_{Mt+1}}{Y_{Mt}}=\lim_{t\to\infty}\left\{\left[\left(1+g_{t+1}^H\right)\left(1+g_{t+1}^S\right)^{\beta_H}\right]^{\frac{1-\alpha_M}{\alpha^H+\beta^H}}\left(1+g_{t+1}^M\right)\left(1+g_{t+1}^Z\right)^{\alpha_M}\right\}$$

这意味着当经济趋向渐进稳态时，经济中的现代服务业会在服务业中占主导地位；服务业会在经济中占主导地位；高技能劳动收入份额会高于人工智能收入份额；制造业增速较高；现代服务业增速和经济增速相同。

二、简要证明

无论是在制造业部门还是在传统服务业部门，由于人工智能和低技能劳动存在替代关系，而且人工智能技术增速较快会导致其成本下降，所以当经济趋向渐进稳态时，这两个部门的低技能劳动都会被人工智能替代。由于现代服务业部门不使用人工智能，当经济趋向渐进稳态时，高技能劳动和低技能劳动收入成固定比例关系。如果在制造业中高技能劳动与人工智能存在替代关系，则人工智能会替代该部门高技能劳动，此时资本会和人工智能同时存在，这意味着资本和人工智能增速相同，均会大于高技能劳动和低技能劳动增速。

对于制造业部门而言，当经济趋向渐进稳态时，人工智能会完全替代低技能劳动，但人工智能和高技能劳动可以互补也可以替代。当人工智能和高技能劳动存在互补关系时，价格变动会导致制造业厂商生产函数变为

$$Y_{Mt} = A_t^M K_{Mt}^{\alpha_M} \left(N_{Mt}^S \right)^{1-\alpha_M}$$

当人工智能和高技能劳动存在替代关系时，制造业厂商在渐进稳态时的生产函数为

$$Y_{Mt} = A_t^M K_{Mt}^{\alpha_M} \left(A_t^Z Z_{Mt} \right)^{1-\alpha_M}$$

对于传统服务业部门而言，当经济趋向渐进稳态时，人工智能会完全替代低技能劳动，此时生产函数变为

$$Y_t^L = A_t^L \left(A_t^Z Z_{Lt} \right)^{1-\alpha^L} \left(N_{LNt}^U \right)^{\alpha^L}$$

由于现代服务业部门并不使用人工智能，即使经济趋向稳态时生产函数仍不改变，即

$$Y_t^H = A_t^H K_{Ht}^{1-\alpha^H-\beta^H} \left(N_{Ht}^U \right)^{\alpha^H} \left(A_t^S N_{Ht}^S \right)^{\beta^H}$$

由于传统服务业和现代服务业在服务业中互补，当经济趋向渐进稳态时，现代服务业会逐渐在服务业中居于主导地位，这意味着：

$$Y_t^S = Y_t^H = A_t^H K_{Ht}^{1-\alpha^H-\beta^H} \left(N_{Ht}^U \right)^{\alpha^H} \left(A_t^S N_{Ht}^S \right)^{\beta^H}$$

在本章中，相对价格变化和收入变化都会导致经济结构发生变化。由于最终产品中制造业产出和服务业产出是互补的，但制造业部门使用人工智能，而人工

智能技术增速较快，这会导致服务业部门产品价格相对于制造业部门产品价格不断上升。经济趋向渐进稳态时，服务业会占主导地位。

因此，当经济趋向渐进稳态时，资本获得的收入份额为 $1-\alpha^H-\beta^H$，高技能劳动获得的收入份额为 β^H，而低技能劳动获得的收入份额为 α^H。由于人工智能技术进步较快，制造业部门和传统服务业部门成本不断下降，这导致家户在这两个部门生产产品上的支出不断下降，从而使得人工智能获得的收入份额不断下降。

三、模型动态

为了研究人工智能技术进步对经济结构变化和各类型家户收入的动态影响，我们对模型参数进行了校准，然后得出其动态路径。其中一部分参数根据数据进行校准，而其余参数则根据文献进行校准。

首先，我们假定政府不对资本、人工智能及高技能劳动课税，即 $\tau_0^K = \tau_0^Z = \tau_0^S = 0$。我们根据 2017 年投入产出表对如下参数进行了校准：资本在制造业生产中所占的份额 α_M，低技能劳动在现代服务业生产中的占比 α^H，高技能劳动在现代服务业生产中的占比 β^H，传统服务业部门中不可被人工智能替代的低技能劳动在产出中的占比 α^L，现代服务业在服务业中的占比 ν_H，制造业中人工智能在低技能劳动和人工智能复合品中所占的份额 ν_{MZ}，制造业中高技能劳动在劳动与人工智能复合品中所占的份额 ν_{MS}，传统服务业中可以被人工智能替代的低技能劳动相对人工智能所获得收入份额 ν_{LU}。校准结果如下：

$$\alpha_M = 0.6, \alpha^H = 0.2, \beta^H = 0.5, \alpha^L = 0.7$$
$$\nu_H = 0.4, \nu_{MZ} = 0.3, \nu_{MS} = 0.3, \nu_{LU} = 0.5$$

我们根据文献对如下参数进行校准：衡量制造业中高技能劳动和低技能劳动与人工智能复合品之间的互补替代关系参数 λ_M，衡量传统服务业中人工智能对低技能劳动的替代程度参数 γ_L，衡量制造业中低技能劳动和人工智能之间替代程度参数 γ_M，衡量最终产品中制造业产品和服务业产品互补替代关系参数 λ，衡量服务业中传统服务业和现代服务业之间互补程度参数 λ_S，衡量家庭户对制造业产品的偏爱程度参数 θ^M，人工智能投资调整成本系数 ν_Z，资本投资调整成本系数 ν_K。校准结果如下：

$$\lambda_M = 0.75, \gamma_L = \gamma_M = 0.9, \lambda = -0.5$$
$$\lambda_S = -0.5, \theta^M = 0.5, \nu_Z = \nu_K = 0.2$$

此外，为分析人工智能对经济结构变化和各类型家庭收入的影响，我们对模型中衡量增速参数进行如下校准：高技能劳动生产率增速 $g_t^S = 0.02$，人工智能技

术增速 $g_t^Z = 0.03$，制造业生产率增速 $g_t^M = 0.02$，传统服务业部门技术增速 $g_t^L = 0.02$，现代服务业部门技术增速 $g_t^H = 0.02$。

在基准参数校准情况下，图 3.2 给出了模型变量的动态路径，图 3.3 给出了产业结构变化和收入分配情况。

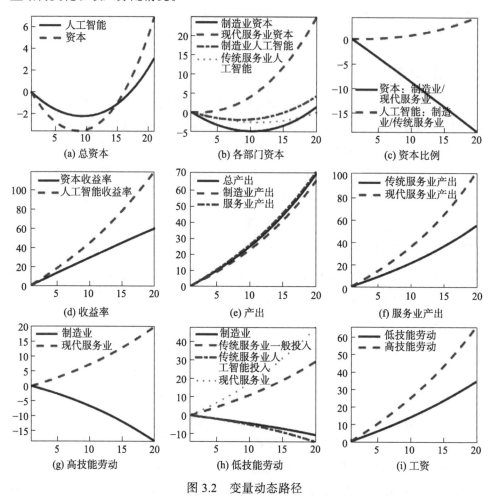

图 3.2　变量动态路径

图中所有横轴均为相对期初的年数，纵轴为各变量相对期初值的百分比

图 3.2 表明，当人工智能的技术增速比经济中其他变量的增速高时，我们会得到如下动态结果。

（1）资本和人工智能存量均会上升。分部门来看，现代服务业资本存量上升最多，制造业部门人工智能存量及资本存量、传统服务业人工智能三者则相差不大。从份额来看，制造业资本存量相对现代服务业资本存量下降，制造业人工智能相对传统服务业人工智能上升。

（2）资本和人工智能的收益率均会上升，且人工智能的收益率高于资本的收

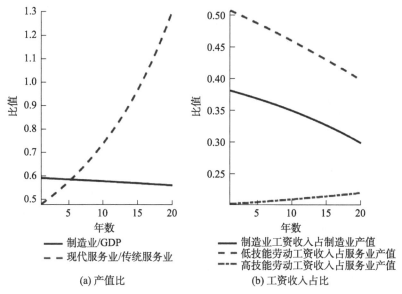

(a) 产值比　　　　　　　　(b) 工资收入占比

图 3.3　产业结构变化与收入分配

图中所有横轴均为相对期初的年数

益率，但富裕家户的报酬会先增后降，最后会收敛到初始水平。

（3）制造业部门产出和服务业部门产出均会上升，但服务业部门产出会比制造业部门产出稍高。在服务业部门内部，现代服务业产出相对传统服务业产出会大幅提升。

（4）从劳动投入来看，制造业使用的高技能劳动会下降，现代服务业使用的高技能劳动会上升；制造业及传统服务业中可被人工智能替代的低技能劳动投入会下降，现代服务业及传统服务业中不可被人工智能替代的低技能劳动投入会上升。

（5）从劳动回报来看，低技能和高技能劳动回报均会上升，但高技能劳动相对低技能劳动回报上升更多。

图 3.3 表明，当人工智能的技术增速比经济中其他变量的增速高时，经济产业结构与收入分配会发生如下动态变化。

（1）制造业在 GDP 中的比重会下降，服务业在 GDP 中的比重会上升；在服务业内部，现代服务业相对传统服务业会上升。

（2）制造业工资收入占制造业产值会下降。在服务业内部，低技能劳动工资收入占服务业产值下降，高技能劳动工资收入占服务业产值上升，这意味着高技能劳动工资收入相对低技能劳动工资收入上升。

为分析税收政策对模型结果的影响，我们假设对资本、人工智能及高技能劳动课税，税率分别为：$\tau_0^K = \tau_0^S = 10\%, \tau_0^Z = 20\%$。图 3.4 和图 3.5 给出了其他模型参数不变，而允许政府课税时的数值模拟结果。

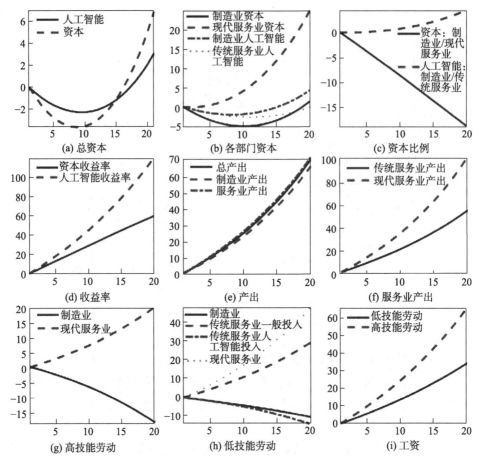

图 3.4 课税时变量的动态路径

图中所有横轴均为相对期初的年数,纵轴为各变量相对期初值的百分比

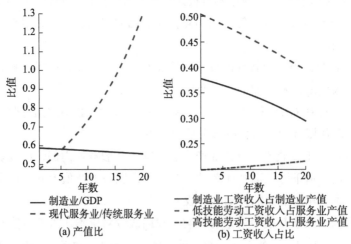

图 3.5 课税时经济结构变化与收入分配

图中所有横轴均为相对期初的年数

与基准模型的结果对比后，我们发现：税收政策不改变模型的主要结论。

第四节　总结性评述

新一轮技术革命的发生，特别是人工智能的发展，会对人类社会产生深远的影响。在人工智能可替代低技能劳动力的背景下，收入分配格局和产业结构如何演进，成为研究者和政策制定者日益关心的问题。本章在结构变化模型中引入人工智能要素，讨论其对收入分配和产业结构变化的影响。人工智能可以在制造业和传统服务业替代低技能劳动力，但在现代服务业中不能替代低技能劳动力。基于模型的推导和分析，我们可以获得如下六个方面的结论。

第一，产业结构方面，经济总体向服务业比重增加的方向进行转型。但是当人工智能增速足够高时，经济主要向高端服务业过渡，从而使得最终消费中高端服务业的产值占据主要地位。

第二，长期均衡下的收入分配结构发生三方面变化。①中等收入群体（高技能劳动力）的劳动报酬占比在渐进稳态时会相较于初始值有所扩大。高端服务业的产值从趋势来看会占据 GDP 的主体，而高端服务业中高技能劳动力的收入份额相对于其他行业要更高，从而导致该人群的劳动报酬占比扩大。②资本所有者的报酬（高收入人群）占比会先增后降，最后会保持一个与现在水平相近的水准。而在开始引入人工智能时，资本所有者可以利用人工智能的技术优势替代一部分劳动力；随着产业逐渐过渡到高端服务业，资本所有者获得的报酬会逐渐稳定在接近现有水平的程度。③低技能劳动力的劳动报酬（低收入人群）占比会下降。如果我们关心经济中的整体收入不平等情况，则需要通过税收工具进行二次收入分配，对该人群进行补贴。

第三，全要素生产率增速方面，服务业和制造业的全要素生产率增速都会提高，长期来看经济整体增速在有人工智能时相对于没有人工智能时要更高。从生产函数来看，随着人工智能增速提高，制造业、服务业中人工智能会对低技能劳动力形成替代，从而提高这个部门的全要素生产率。虽然经济不可避免地向增速相对更慢的服务业过渡，但是当人工智能增速够快时，经济会主要向高端服务业过渡。这使得渐进稳态时的增速相对于没有人工智能时有所提升。

第四，劳动力报酬率增速方面，随着人工智能技术的引入，高、低端劳动力的实际工资增速也会有所提升。这是因为在渐进稳态时，引入人工智能会使得全要素生产率增速相对没有引入时有所提升，从而导致劳动力的报酬率增速相应加快。

第五，动态转移路径上的收入在短期内由于引入人工智能技术而呈现三方面特征。①收入分化加剧，极化现象凸显。我们发现当引入人工智能技术后，短期内制造业部门和服务业部门的低端劳动力都会被人工智能挤出，转移到不可被替代的服务业部门内；而制造业中低端劳动力和人工智能一起对高技能劳动力进行替代，将这部分劳动力挤入服务业中。而在短时间内，产业结构的调整速度不如人工智能技术的引入速度快，这导致一段时间内不论何种劳动者收入份额占经济产值的比例都会下降，其中低端劳动力的收入份额占比下降得更为迅速。而对于资本所有者而言，随着人工智能的引入，其收入在整体经济中占比会有所提升。随着其收入的增加，人工智能和资本的积累速度会在短期内加快，导致一段时间内的极化现象加剧。②产业结构调整加快，制造业存在空心化进程加剧的风险。因为高收入人群的比例在经济中提升，高收入人群对于服务业需求比例又高于其他人群，所以从需求端来看，服务业的总需求增加，制造业的总需求下降。虽然制造业的成本因为人工智能的引入而下降，且短期内获得了一定程度的成本优势，但收入极化依然会对制造业需求造成较大冲击。而这两种作用的大小，取决于当时经济中的收入分化程度和人均资本水平。过高的收入极化和人均资本水平，会使得产业空心化进程加剧。③随着人工智能的引入，短期内快速调整的产业结构和收入极化可能导致要素市场配置过程中的错配程度加深，进而导致生产效率的下降。其原因在于，虽然引入了人工智能可以提高生产效率，但劳动力在不同部门转换的过程中，其生产技能和经验都有所折损，同时也存在失业的问题。这些问题都会导致要素市场配置效率的下降。

第六，不同类型税收政策的影响可以概括为三方面。①对于资本所有者课所得税，用以补贴劳动者家庭，会有助于平滑不同人群之间的收入差距，从而缓解需求端变动导致的制造业空心化问题，有效抑制制造业空心化的进程。②对资本课税可以减少资本所有者的收益，但与之对应的是会提高制造业相对成本，从而在一定程度上提高制造业的产品价格。因为本章模型中制造业和服务业产出品都是家庭的必需品，所以该变化可以在一定程度上增加对制造业的支出，这也同样会加快资本所有者对于人工智能的投资，进而加速对其他劳动力的替代，同时提高不同部门的全要素生产率。③对人工智能课税效果与之前的政策类似，我们可以缓解收入极化，以避免对制造业需求的减少；同时也可以减少资本所有者对于人工智能的投资，减慢人工智能替代劳动力的进程。但这也会减缓行业的产业升级速度。

执笔人：王忏、傅春杨、董兵兵、龚六堂

第 ◀ 四 ▶ 章

中等收入群体与产业结构

由前一章的理论分析可知，由技术进步驱动的产业结构升级会导致资本和劳动的相对报酬以及高技能与低技能劳动者之间的相对报酬发生变化，进而引发中等收入群体规模的变动。与此同时，中等收入群体变化所代表的收入分配结构变化也会推动消费结构变动。这揭示了产业结构升级与中等收入群体扩大之间的双向嵌入和互相影响。

为检验上述理论预测，并为后续分析提供实证基础，本章首先基于人口普查和 CFPS 等微观数据，利用统计方法测算了 2005~2015 年内我国中等收入群体的总体规模及其在地区、行业、城乡等维度上的分布特征。在此基础上，我们实证探究了中等收入群体变动的底层驱动因素及其对消费结构的进一步影响。在上述分析的基础上，我们引申得到了若干具有重要政策含义的结论。

第一节 我国中等收入群体的结构性变化分析

一、中等收入群体的规模测算

我们在梳理各类文献的基础上，决定采用比较通行的世界银行标准来定义和测度中等收入群体。按照世界银行的标准，中等收入者指的是成年人每天收入在 10 到 100 美元之间，即年收入为 3650~36 500 美元。按照美元与人民币 1∶7 的保守汇率计算，世界银行中等收入标准为 2.5 万~25 万元人民币。我们根据这一标准，结合最新可得数据刻画我国中等收入群体的结构性、区域性特点及其历史变迁过程。我们分析所采用的微观数据包括 2005 年、2010 年、2015 年全国人口普查及全国 1% 人口抽样调查（"小普查"）、CGSS、CFPS 等调查统计数据。

由于抽样调查数据样本量有限，无法涵盖所有地区、行业与职业中的中等收入群体规模，因此我们主要利用样本量在百万级以上的人口普查与全国 1% 人口抽样调查数据对中等收入群体的比例进行测算。除 2005 年全国 1% 人口抽样调查数据外，2010 年与 2015 年的人口数据均没有收入信息，因此我们利用 2010 年与 2014 年 CFPS 数据中的收入与其他相关变量的关系，建立收入的估计模型。用于估计收入的变量包括受教育程度、户口、迁移、年龄、性别、职业地位、行业、婚姻状况与所在地区的人均 GDP。然后，我们将收入估计模型的系数应用到人口普查数据中，对收入进行预测。在此基础上，我们最终可以得到不同维度上的中等收入群体规模。测算结果表明，在 2005 年，中等收入群体占总人口的比例为 1.28%，在 2010 年上升至 4.84%，2015 年达到 17.17%[①]，中等收入群体的增长速度逐步加快。从 2010 年至 2015 年，五年间增加 12.33 个百分点；按此势头，2020 年占比估计可以超过 30%，中等收入群体人数对应增长至 4 亿人以上。

我们用 CGSS 数据做了中等收入群体的估算，发现 2013 年约有 12% 的样本属于中等收入群体，到 2017 年该比例上升到 20% 左右。而我们的估计是，2005 年至 2010 年从 1.28% 增长至 4.84%，五年间增加 3.56 个百分点，在 2010~2015 年从 4.84% 增加到 17.17%，五年间增加了 12.33 个百分点。以这个增长趋势，人口普查数据中的中等收入群体比例到 2017 年上升至 20% 是极为可能的情形。这从一个侧面说明我们采用机器学习估算全国范围的中等收入群体的合理性。

二、中等收入群体的分布情况

在测算得到中等收入群体的规模之后，我们进一步尝试从地区、行业等不同角度对中等收入群体的分布情况进行刻画。为了方便比较，我们主要呈现了中等收入群体相对规模（即中等收入群体占总人口的比例）的分布情况。

（一）分地区

首先，我们分别展示了 2005 年、2010 年、2015 年中等收入群体在各地区的分布情况，如表 4.1 所示。总体上看，在 2005 年，中等收入群体主要集中在东部沿海地区，而中西部地区的中等收入群体规模相对较小。但是，随着时间的变化，中等收入群体规模在中西部地区表现为稳步上升的势头；东部、中部、西部三大区域的中等收入群体分布更加均匀，这与近年来各省间人均 GDP 变异系数持续下降的趋势是一致的。

表 4.1　2005 年、2010 年、2015 年中等收入群体分地区分布情况

地区	2005 年	2010 年	2015 年
东部	2.5%	7.4%	21.7%
中部	0.4%	3.2%	15.0%
西部	0.3%	2.4%	12.7%

① 需要注意的是，由于收入估计的模型针对的是有稳定工作的就业群体，因此预测收入也仅限于有稳定工作的人口，对于中等收入占总人口比例的估计有可能产生一定的低估，但是关于中等收入群体在行业与职业上的分布，我们这种估计较为准确。

其次，我们加总计算了 2005 年、2010 年、2015 年各省份内部中等收入群体占总人口的相对比例，如图 4.1 所示。上海、北京、天津、江苏和浙江等经济发达地区的中等收入群体规模相对较大，而海南和西藏等边远地区的中等收入群体规模相对更小。

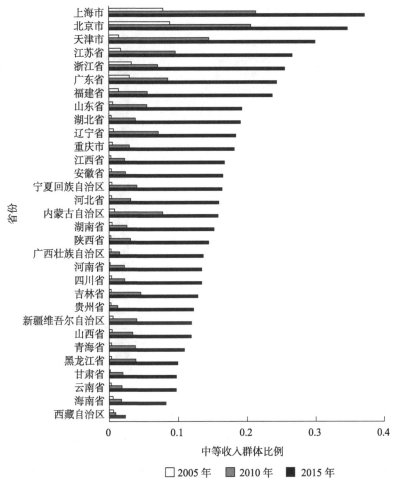

图 4.1 各省份中等收入群体比例分布情况

我们还计算了 2005 年、2010 年、2015 年各省份内城镇和农村中等收入群体分别占该地区人口的相对比例，反映了各省份内城乡之间的收入差异变化。如图 4.2 所示，在浙江、安徽、福建、江西、山东、湖南、四川、陕西，城乡发展差异在缩小；到 2015 年，城乡中等收入群体占比接近，甚至农村中等收入群体占比高于城镇。其他多数省份城镇中等收入群体占比高于农村，其中，北京、上海的城乡中等收入群体占比差异较大，且随时间变化有加剧的趋势。

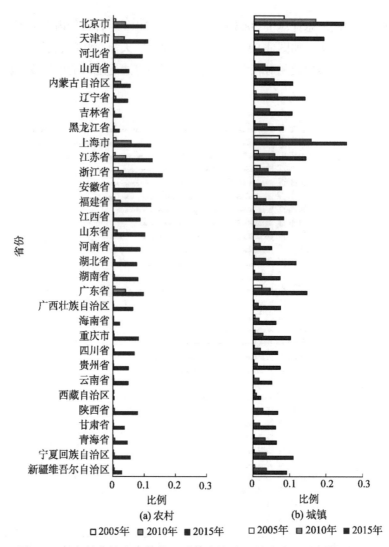

图 4.2　各省份分城乡中等收入群体占该地区城乡人口比例情况

再次,我们统计了 2005 年、2010 年和 2015 年各省份中等收入群体占全国中等收入群体总人数的相对占比,并按照 2015 年的计算结果进行了降序排列。如图 4.3 所示,从全国看,随着时间的变化,中等收入群体规模在大部分省份表现为稳步上升的势头,尤其在中西部地区;各个地区中等收入群体分布更加均匀,这与近年来各省份间人均 GDP 变异系数持续下降的趋势是一致的。具体而言,从 2005 年到 2015 年,中等收入群体比例经历明显下降的省份是北京、上海、广东、天津、浙江,这可能与经济较发达地区有大量较低收入外来人口迁入相关;而山东、河南、河北、四川、湖北、湖南、江西、广西、重庆、陕西、安徽、山西、贵州、甘肃、宁夏等省份在 2005~2015 年的十年间实现了稳步上升。此外,东北地区（包含内蒙古）在全国中等收入群体的份额则经历了先上升后下降，这可能与近年来东北地区经济下行趋势有一定的关联。

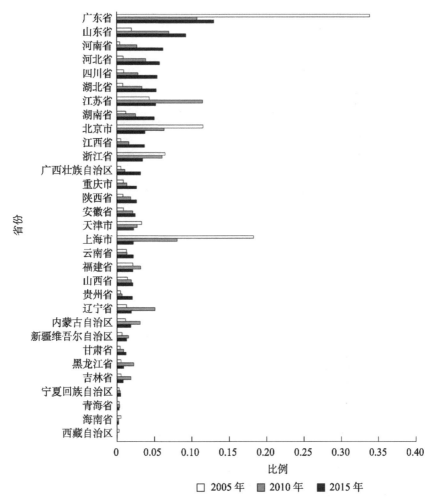

图 4.3 各省份中等收入群体占全国比例分布情况

图 4.4 列出了各省份城乡中等收入群体占全国比例的分布情况，这与图 4.3 描述的总体趋势是一致的，即不论在城镇地区还是农村地区，2005~2015 年这十年见证了中等收入群体从少数地区集聚的分布到逐渐扩散到全国的更为均匀的分布。最为典型的现象是，城镇地区 2005 年中等收入群体主要集中于广东、北京、上海等发达地区，到 2015 年这些地区的中等收入群体占比均经历了明显的下降；而在农村地区，2005 年中等收入群体比较集中的地区是广东、江苏、浙江、上海，到 2015 年这些地区的占比也都在显著下降，代之以其他地区中等收入群体占比的稳步上升。

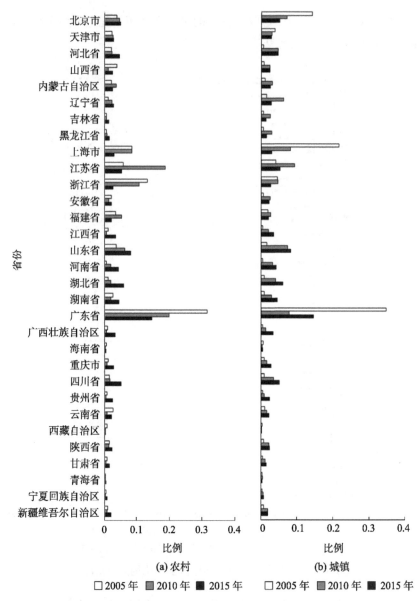

图 4.4 各省份城乡中等收入群体占全国比例分布情况

最后，我们根据经济发展程度将各省份分为不同地区，研究区域间的中等收入群体差异变化趋势。在图 4.5 中，我们将各省份分为东部、中部和西部地区①；

---

① 东部地区包括北京市、天津市、河北省、辽宁省、上海市、江苏省、浙江省、福建省、山东省、广东省、海南省；中部地区包括吉林省、黑龙江省、山西省、河南省、安徽省、湖北省、江西省、湖南省；西部地区包括重庆市、四川省、陕西省、云南省、贵州省、广西壮族自治区、甘肃省、青海省、宁夏回族自治区、西藏自治区、新疆维吾尔自治区、内蒙古自治区。

在图 4.6 中，我们将各省份依据"秦岭—淮河"线分为南方和北方[①]。我们首先计算各区域分城乡中等收入群体占城乡人口的比例，反映该区域城乡收入差异变化情况。

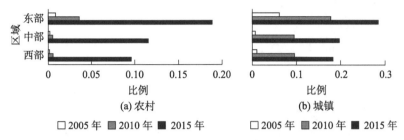

图 4.5　东部、中部和西部地区分城乡中等收入群体占区域内城乡人口比例情况

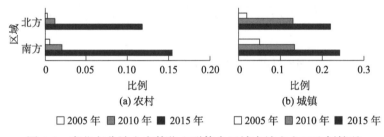

图 4.6　南北方分城乡中等收入群体占区域内城乡人口比例情况

如图 4.5 所示，东部地区经济较发达，无论是城镇中等收入群体在城镇人口的占比还是农村中等收入群体在农村人口的占比都是最高的，在 2015 年分别达到了 28.5%和 18.8%，其次是中部地区，分别是 19.7%和 11.5%，西部地区占比最低，分别是 18.2%和 9.59%。

如图 4.6 所示，南方地区中等收入群体规模高于北方地区。值得注意的是，2010 年南北方地区的中等收入群体规模接近，尤其是城镇地区，但到了 2015 年差距显著拉开了，近年来，"南北经济差距"越来越明显，开始取代传统上的"东中西经济差距"。我们从中等收入群体规模的区域分布上也观察到了这一重要的转变趋势。

图 4.5 和图 4.6 都呈现了一个引人注目的现象，即在农村地区，无论是东部还是中西部地区，无论是南方还是北方，2005～2010 年中等收入群体规模增长缓慢，但从 2010 年至 2015 年却经历了跳跃式增长，这与城镇地区相对平稳的增长趋势

① 南方地区包括上海市、江苏省、浙江省、福建省、安徽省、湖北省、江西省、湖南省、重庆市、四川省、云南省、贵州省、广东省、广西壮族自治区、海南省、西藏自治区；北方地区包括北京市、天津市、河北省、河南省、内蒙古自治区、辽宁省、吉林省、黑龙江省、山东省、山西省、陕西省、甘肃省、宁夏回族自治区、青海省、新疆维吾尔自治区。

形成了鲜明的对比；而且农村在 2010～2015 年的飞速增长使得城乡之间中等收入群体的占比差距趋于缩小。

为了理解这一现象，我们考察了 2000~2019 年城镇与农村居民人均可支配收入的变动趋势，得到了图 4.7。

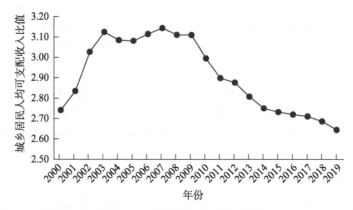

图 4.7　城镇与农村居民人均可支配收入的变动趋势：2000～2019 年

我们可以清楚地看出，从全国来看，2009 年之前城乡收入差距经历了一个先上升（2000～2003 年）后稳定（2003～2009 年）的变动过程，这对应着 2005～2010 年农村中等收入群体增长规模小、增长缓慢的时期。但是 2009 年之后城乡收入差距稳定而显著地趋于缩小，这正好对应着 2010～2015 年农村地区中等收入群体快速增长的时期，农村中等收入群体的迅速崛起是 2009 年以来城乡经济差距缩小的重要力量。

我们又分地区考察了 2000～2019 年城乡差距的变动趋势，如图 4.8 所示。2009 年之后各地区都经历程度不同的城乡差距缩小的过程，这进一步验证了我们在图 4.5 和图 4.6 中所发现的城乡中等收入群体变化的规律。

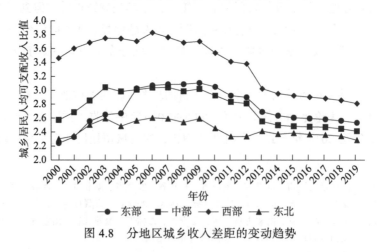

图 4.8　分地区城乡收入差距的变动趋势

（二）分行业

接下来，我们进一步统计了中等收入群体在不同行业间的分布情况①。如图 4.9 所示，我们首先注意到各个行业的中等收入群体相对规模在 2005～2015 年均出现了较大的增长，其中居民服务和其他服务业、采矿业、建筑业、制造业的增长幅度位居前列。

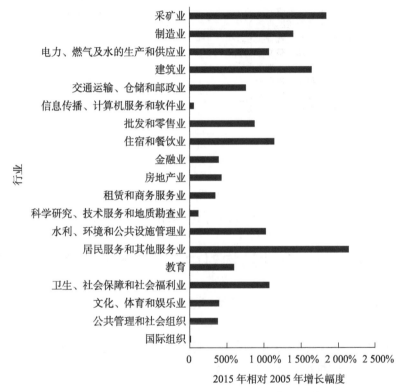

图 4.9　中等收入群体增长幅度分行业分布情况

另外，不同行业的中等收入群体规模存在较大差异，如图 4.10 所示，电力、燃气及水的生产和供应业，以及卫生、社会保障和社会福利业中中等收入群体占比最大，2015 年占比分别为 77.144%、74.56%；接下来是金融业、房地产业、租赁和商务服务业，中等收入群体占比超过 65%。从人口规模来看，制造业、交通运输、仓储和邮政业、建筑业的中等收入群体规模最大，2015 年分别包括约 6722 万人、5790 万人、3540 万人。

---

① 由于农、林、牧、渔行业中，具有稳定收入群体比例较低，收入的预测较不稳定，因此在图中不展示其中等收入群体所占比例。

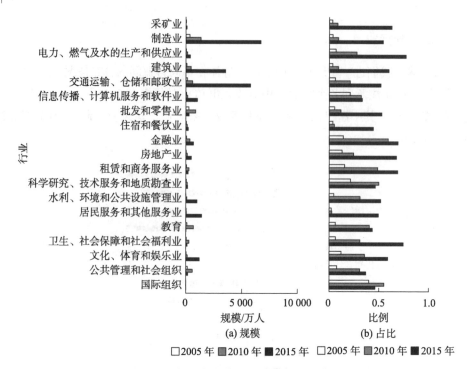

图 4.10　行业内中等收入群体占比和规模

第二节　产业结构对中等收入群体的影响

　　我们在本部分进一步探究了中等收入群体规模与产业结构的关系。相关产业、人口、GDP 等数据主要来自《中国城市统计年鉴》《中国区域经济统计年鉴》，并进一步根据国家统计局 2013 年公布的《高技术产业（制造业）分类》和《高技术产业（服务业）分类》结合人口普查数据计算得出。各主要变量的描述性统计如表 4.2 所示。

表 4.2　描述性统计

变量	观测数	均值	标准差
外商直接投资（对数）	819	9.542	1.759
出口值（对数）	854	10.891	2.011
高技术制造业从业人数占比/%	861	1.035	0.983
其他第二产业从业人数占比/%	861	21.844	11.069
高技术服务业从业人数占比/%	861	0.714	0.505
其他第三产业从业人数占比/%	861	28.909	10.240
人口（对数）	859	5.864	0.612
人均 GDP（对数）	854	10.121	0.763

我们将 2005 年、2010 年和 2015 年地级市层面的中等收入群体相对规模对一系列可能的影响因素进行回归，得到了如表 4.3 所示的结果。

表 4.3　影响因素分析

因素	中等收入群体比例				
	(1)	(2)	(3)	(4)	(5)
外商直接投资	0.452***		0.368***	0.229*	0.388***
	(0.125)		(0.114)	(0.117)	(0.139)
出口值	1.178***		0.825***	0.639***	0.342**
	(0.126)		(0.126)	(0.125)	(0.137)
高技术制造业占比		−0.271	−0.551***	−0.623***	0.220
		(0.183)	(0.167)	(0.169)	(0.174)
其他第二产业占比		0.119***	0.058***	0.080***	0.028*
		(0.019)	(0.019)	(0.019)	(0.016)
高技术服务业占比		1.970***	1.474***	1.971***	7.226***
		(0.473)	(0.454)	(0.469)	(0.725)
其他第三产业占比		0.151***	0.113***	0.155***	−0.035
		(0.025)	(0.024)	(0.023)	(0.032)
人口（对数）	−2.564***	−0.609***	−1.451***		−1.453***
	(0.191)	(0.216)	(0.224)		(0.223)
人均 GDP（对数）	−0.008	−0.256	−0.695***	−1.439***	0.052
	(0.148)	(0.161)	(0.160)	(0.110)	(0.157)
调整 R^2	0.895	0.893	0.908	0.902	0.877
观测数	813	854	813	813	267

注：括号内为异方差稳健标准误；除第 4 列外，每组回归中均控制了年份固定效应
*、**、***分别表示在 10%、5%、1%水平上显著

表格第 1 列反映了经济外向型程度对于中等收入群体的影响，我们发现外商直接投资和出口值规模越大，对应地区的中等收入群体相对规模也越大。接下来，我们在表格第 2 列中讨论了高技术产业发展情况和产业结构对中等收入群体规模的影响，发现从事高技术服务业的人口比例越高，中等收入群体的规模越大，并且非高技术的第二、三产业的从业人口比例也对中等收入群体的规模有正向影响。

表格第 3 列中，我们将各个影响因素同时纳入回归方程，发现外商直接投资、出口值和高技术服务业占比的系数估计值仍然保持较高的统计显著性，且符号为正；而高技术制造业占比的系数显著为负。这可能意味着发达的外向型经济和第三产业（尤其是高技术服务业）是促进地区中等收入群体相对规模增加的有利因素。

最后我们进行了一些稳健性检验。在表格第 4 列中，我们去掉了人口规模这一控制变量，得到的系数估计值与第 3 列中的结果相似。表格第 5 列汇报了仅使用 2010 年 267 个地级市数据进行的截面回归，这主要是考虑到数据可得性与度量准确性的原因。回归结果显示外商直接投资、出口值和高技术服务业占比这几个

潜在促进因素的系数估计与第 3 列结果在方向和显著性上大体保持一致，说明我们的分析结果是比较稳健的。

我们的发现可以总结如下：①第二、三产业的规模越大，对应地区的中等收入群体相对规模也随之增加；②外向型经济促进中等收入群体扩大，外商直接投资和出口值规模越大，对应地区的中等收入群体相对规模也越大；③从事高技术服务业的人口比例越高，中等收入群体的规模越大；④高技术制造业的比重越大，中等收入群体的比例越低。

第三节　中等收入群体对消费升级的影响

本书利用 CSS 数据实证检验了中等收入群体规模的扩大对消费升级的影响。CSS 是中国社会科学院社会学研究所于 2005 年发起的一项全国范围内的大型连续性抽样调查项目，该调查是双年度的纵贯调查，采用概率抽样的入户访问方式，调查区域覆盖了全国 31 个省区市，包括 151 个区市县，604 个村/居委会，每次调查访问 7000 到 10 000 余个家庭。此调查有助于获取转型时期中国社会变迁的数据资料，其研究结果可用于推断全国年满 18 ~ 69 周岁的住户人口的相关情况。

表 4.4 汇报了从 2013 年、2015 年、2017 年 CSS 数据中计算的中等收入与低收入家庭在消费结构上的差异；图 4.11 显示了 2015 年中等收入与低收入家庭消费结构的直观比较结果。

表 4.4　中等收入与低收入家庭消费结构比较

项目	2013 年			2015 年			2017 年		
	低收入	中等收入	差异	低收入	中等收入	差异	低收入	中等收入	差异
样本量	8392	1163		7649	1937		7638	1853	
样本量占比/%	87.8	12.2		79.8	20.2		80.5	19.5	
饮食/%	35.1	28.0	-7.2	33.7	31.0	-2.6	31.2	28.2	-3.0
医疗保健/%	11.6	6.3	-5.3	13.5	7.1	-6.4	14.7	8.1	-6.6
教育/%	8.4	5.7	-2.7	9.3	5.4	-3.9	10.2	6.5	-3.7
人际交往/%	9.9	8.2	-1.6	10.6	8.8	-1.8	10.5	8.5	-2.0
水电费/%	6.1	5.0	-1.1	6.0	5.1	-0.8	7.1	5.9	-1.1
通信/%	4.6	4.0	-0.6	4.5	4.0	-0.4	4.5	3.4	-1.1
赡养老人/%	2.4	3.6	1.3	2.2	3.8	1.5	2.3	3.3	1.0
衣着/%	7.0	9.0	2.0	7.0	9.1	2.1	6.8	9.4	2.7
交通/%	4.3	6.8	2.4	4.0	6.8	2.8	3.8	5.9	2.1
文化娱乐消费/%	0.8	3.6	2.8	1.0	3.9	2.9	1.0	4.2	3.2
耐用消费/%	9.8	19.8	10.0	8.2	14.9	6.7	7.9	16.6	8.6

资料来源：CSS

注："耐用消费"包括房租、房贷，以及家用电器、家具、家用车辆等购置支出；各消费品类按照 2013 年两类人群间的差异值由低到高进行排列；表中所有差异在统计上均在 1% 水平上显著

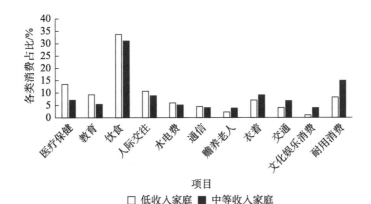

图 4.11　中等收入与低收入家庭消费结构比较（2015 年）
资料来源：CSS
"耐用消费"包括房租、房贷，以及家用电器、家具、家用车辆等购置支出

我们可以形成如下分析结论。

第一，2013 年约有 12%的样本属于中等收入群体，到 2015 年和 2017 年该比例上升到 20%左右。这个结果与我们用机器学习方法推断的 2015 年接近 18%的中等收入群体比例高度接近，说明我们采用的机器学习方法的可靠性。

第二，不同年份之间消费品构成比较稳定，收入人群之间的差异也比较一致。

第三，人们在饮食、医疗保健、教育等消费品类上的消费比例本身就比较高；但是从低收入群体进入到中等收入群体后，这些消费品类的比例显著降低。这在一定程度上反映了当收入增加时，此类消费品会优先提高；但伴随着收入的进一步增加，这些消费门类很有可能到达一定额度后就趋于稳定，其增长速度会慢于收入的增长速度。

第四，中等收入群体与低收入群体相比，在交通、文化娱乐消费、耐用消费等消费品类上的消费比例显著升高。特别是交通与文化娱乐消费，在低收入水平下消费比例较低，但在上升到中等收入水平后其比例提高得十分显著。这在一定程度上反映了，此类消费需求不像教育、医疗保健等消费品类那样，在家庭收入达到一定程度后才开始注重其消费。伴随着收入水平的提高，这些消费品所占的总消费比例也会进一步增加。

上述实证分析的结论具有很强的政策含义：如果上述判断属实，这意味着随着中等收入群体的不断增加，对旅游、文化产业等服务性行业的需求，以及对房地产、耐用消费品（家用电器、汽车等）相关的制造行业的需求也会随之显著增加。这在一定程度上反映了我国消费升级的具体特征，说明我国的消费升级依赖于中等收入群体的扩大。

执笔人：邓涵、刘晨冉

第 ⟨五⟩ 章

数字化转型与产业升级

受益于过去十多年来计算力、数据量和算法的快速发展，数字经济正在向中观产业层面扩散，进入数字化与产业融合发展的阶段。在本章中，我们将数字化转型作为本轮产业结构升级的主要驱动力和切入点，重点关注人工智能和工业机器人两种代表性技术。我们从数字化转型的宏观背景及其主要特征出发，分析数字化转型对劳动力市场结构和企业生产经营的影响，探讨多个部门及行业在此过程中面临的机遇和挑战。最后，我们借助以养老护理行业为例的一个具体分析说明了行业异质性在数字化转型过程中的重要意义。

第一节　数字化转型的宏观背景

一、我国劳动力市场现状

近年来，我国人口老龄化问题开始凸显，首要表现就是劳动力人口的减少。世界银行的数据显示，截至 2019 年，我国 15 ~ 64 岁人口占总人口比重为 70.72%，虽然相较于美国、日本等发达国家仍处于较高水平，但已经经历了十年的下降（图 5.1），这将对我国社会经济发展的各个方面产生巨大而深远的影响。

受益于教育事业的发展，我国劳动力平均受教育水平不断提升，人力资本指数由 2001 年的 2.21 提升至 2014 年的 2.47。按照美国、日本两国历史上人力资本指

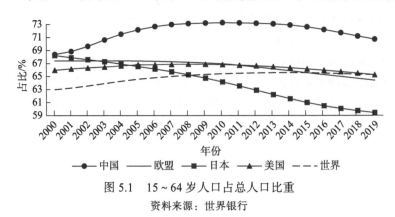

图 5.1　15 ~ 64 岁人口占总人口比重

资料来源：世界银行

数与人均GDP增长之间的相关性,假设至2035年我国人均GDP提升到35 000美元,对应的人力资本指数约为3.40。而按照简单的时间趋势线性推演(图5.2),我国的人力资本指数在2035年介于2.77~2.88的范围。

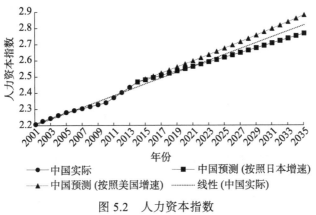

图 5.2　人力资本指数

资料来源:Penn World Table 9.0、课题组的计算

劳动力供给的减少和劳动力受教育水平的上升,必然会要求劳动报酬水平的提升。在过去的粗放式发展过程中,中国的劳动报酬比例长期过低。Penn World Table 的数据显示,2014年我国劳动报酬占GDP的比重为56.72%,比美、日等发达国家要低近4个百分点(图5.3)。随着中国人口红利的逐渐消失、每年新增劳动力的下降及高端技术人才的需求日益增长,劳动报酬占国民经济的比重会不断上升,倒逼企业不断提升劳动生产率。按照美、日两国历史上的劳动报酬占比与人均GDP的相关关系,我国要达到2035年人均GDP 35 000美元的目标,对应的劳动报酬占GDP比重大约为60%。而按照美、日两国近期增速进行简单的线性推算,我国的劳动报酬占比还存在一定的下降压力,至2035年大约处在53.32%~56.31%的范围(图5.4)。

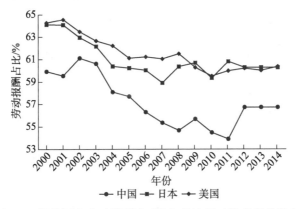

图 5.3　部分国家劳动报酬占 GDP 的比重(按现行价格)

资料来源:Penn World Table 9.0、课题组的计算

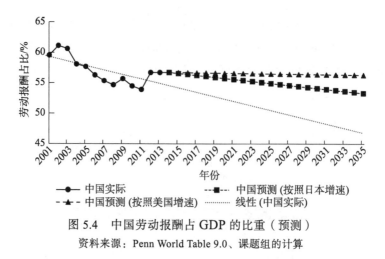

图 5.4　中国劳动报酬占 GDP 的比重（预测）

资料来源：Penn World Table 9.0、课题组的计算

二、数字化转型的相关政策背景

随着数字经济，特别是人工智能技术对社会和经济的影响日益凸显，美国和欧盟等主要经济体先后出台了一系列针对数字化转型的政策，并将人工智能发展上升到国家战略的高度（表 5.1）。

表 5.1　部分发达国家和地区数字化转型相关政策

国家及地区	年份	具体内容
美国	2013	美国政府创新神经技术脑研究计划
	2016	美国联邦政府成立机器学习与人工智能分委员会（Subcommittee on Machine Learning and Artificial Intelligence, MLAI）
	2016	白宫发布《国家人工智能研究和发展战略计划》（National Artificial Intelligence Research and Development Strategic Plan）与《为人工智能的未来做好准备》（Preparing for the Future of Artificial Intelligence）两份有关人工智能的重要报告，详细阐述了美国未来人工智能发展规划及人工智能给政府工作带来的挑战与机遇
	2016	白宫发布《人工智能、自动化与经济》（Artificial Intelligence, Automation, and the Economy）报告，谈到了智能技术和自动化技术对经济的影响以及可能的应对策略
	2017	美国国防高级研究计划局发起 XAI 项目，从可解释的机器学习系统与模型、人机交互技术以及可解释的心理学理论三个方面，全面开展可解释性人工智能系统的研究
	2019	时任美国总统正式签署行政命令《美利坚合众国人工智能倡议》（American AI Initiative），将人工智能作为优先产业进行发展，美国政府给予相应的帮助与扶持，包括扩大相关科研人员使用政府数据的权限
英国	2017	英国政府发布《现代工业化战略》（Industrial Strategy: Building a Britain fit for the future），指出英国政府将把英国置于人工智能和数据革命的最前沿，并使英国成为世界人工智能和数字驱动型创新的世界中心，政府会支持企业通过人工智能和数据分析提高生产力
	2017	英国政府发布《发展英国人工智能产业》（Growing the Artificial Intelligence Industry in the UK），建议英国应更多地在图灵的遗产上发展，以保持在人工智能领域的领导者地位

国家及地区	年份	具体内容
法国	2017	《法国人工智能战略》（France IA）制定完成，旨在制订法国在人工智能领域的发展计划
德国	2012	德国政府提出"工业 4.0"（Industry 4.0）高科技战略计划，支持工业领域新一代革命性技术的研发与创新
欧盟	2014	欧盟委员会和欧洲机器人协会共同启动全球最大的民用机器人研发计划"SPARC"，推动机器人研发以及其在制造业、农业、健康、交通、安全和家庭等各领域的应用
欧盟	2018	欧盟委员会发布政策文件《欧盟人工智能》（Artificial Intelligence for Europe），将欧盟人工智能战略的重点放在人工智能价值观的确立，希望通过人工智能价值观引导人工智能发展

从"互联网+"到"智能+"，我国智能社会形态逐渐显现，人工智能顶层设计也更多关注技术与实体经济的结合，加快推进人工智能的规模化应用落地以及人工智能与经济社会发展的深度融合（表 5.2）。2015 年和 2016 年，先后发布《关于积极推进"互联网+"行动的指导意见》和《"互联网+"人工智能三年行动实施方案》，重点推动人工智能核心技术的突破；2017 年国务院印发《新一代人工智能发展规划》，人工智能正式上升到国家战略层面，同时国务院明确提出"必须加快人工智能深度应用"[①]；随后《促进新一代人工智能产业发展三年行动计划（2018-2020 年）》发布，详细规划了人工智能在未来三年的重点发展方向与目标；2019 年 8 月，科技部印发《国家新一代人工智能创新发展试验区建设工作指引》，要求"到 2023 年……形成一批人工智能与经济社会发展深度融合的典型模式"[②]。

表 5.2　中国数字化转型相关政策

年份	具体内容
2015	国务院印发《中国制造 2025》，指出要"着力发展智能装备和智能产品，推进生产过程智能化"
2015	国务院出台《关于积极推进"互联网+"行动的指导意见》，将人工智能纳入发展的重点任务之一，标志着专门为人工智能制定产业政策的时期正式开启
2016	《中华人民共和国国民经济和社会发展第十三个五年规划纲要》出台，人工智能写入"十三五"规划纲要
2016	工业和信息化部、国家发展和改革委员会、财政部联合印发《机器人产业发展规划（2016-2020 年）》，明确我国机器人产业"十三五"总体发展目标是"形成较为完善的机器人产业体系。技术创新能力和国际竞争能力明显增强，产品性能和质量达到国际同类水平，关键零部件取得重大突破，基本满足市场需求"

① 《国务院关于印发新一代人工智能发展规划的通知》，http://www.gov.cn/zhengce/content/2017-07/20/content_5211996.htm。

② 《科技部关于印发〈国家新一代人工智能创新发展试验区建设工作指引〉的通知》，http://www.gov.cn/xinwen/2019-09/06/content_5427767.htm。

续表

年份	具体内容
2016	国务院印发《"十三五"国家战略性新兴产业发展规划》，"人工智能"首次被写入全国政府工作报告
2017	国务院印发《新一代人工智能发展规划》，这是中国在人工智能领域的第一个系统部署文件，对 2030 年中国人工智能发展的总体思路、战略目标和任务、保障措施做出了系统的规划和部署，人工智能全面上升为国家战略
2017	工业和信息化部印发《促进新一代人工智能产业发展三年行动计划（2018-2020 年）》，落实和细化《新一代人工智能发展规划》相关任务，以新一代人工智能技术产业化和集成应用为重点，推动人工智能与实体经济深度融合
2018	中国电子技术标准化研究院发布《人工智能标准化白皮书（2018 版）》，标准化工作进入全面统筹规划和协调管理阶段
2018	工业和信息化部印发《新一代人工智能产业创新重点任务揭榜工作方案》，工业和信息化部围绕《促进新一代人工智能产业发展三年行动计划（2018-2020 年）》确定的重点任务方向，在 17 个方向及细分领域，开展集中攻关，重点突破一批创新性强、应用效果好的人工智能标志性技术、产品和服务
2019	中央全面深化改革委员会第七次会议审议通过了《关于促进人工智能和实体经济深度融合的指导意见》，着重强调市场导向与产业应用，打造智能经济形态
2019	科技部印发《国家新一代人工智能创新发展试验区建设工作指引》，指出要充分发挥地方在试验区建设中的主体作用，从人工智能技术应用示范、人工智能政策试验、人工智能社会实验以及人工智能基础设施建设四个方面推动人工智能发展创新，到 2023 年形成一批人工智能与经济社会发展深度融合的典型模式，积累一批可复制可推广的经验做法，打造一批具有重大引领带动作用的人工智能创新高地
2020	2020 年 3 月 4 日，中共中央政治局常务委员会召开会议，明确指出要加快 5G 网络、数据中心等新型基础设施建设进度

特别是在新时代战略部署新基建的背景下，人工智能得以快速发展。2018 年 12 月，中央经济工作会议确定 2019 年重点工作任务时首次提出"加强人工智能、工业互联网、物联网等新型基础设施建设"[①]。2020 年初以来，受新冠肺炎疫情以及国内外经济环境快速变化的影响，数字经济迎来关键发展窗口期。2020 年 3 月 4 日中共中央常务委员会召开会议，明确指出要"加快 5G 网络、数据中心等新型基础设施建设进度"[②]；2020 年政府工作报告提出"要继续出台支持政策，全面推进'互联网+'，打造数字经济新优势"[③]，为数字经济发展及产业数字化转型注入增长新动能。相较于传统基建，新基建的三个关键要素是科技创新驱动、数字化和信息网络。新基建要求人工智能与传统产业深度融合，助力实体经济向

① 《中央经济工作会议举行　习近平李克强作重要讲话》，http://www.gov.cn/xinwen/2018-12/21/content_5350934.htm。

② 《习近平主持召开中共中央政治局常务委员会会议（2020 年 3 月 4 日）》，http://www.mzyfz.com/index.php/cms/item-view-id-1548943。

③ 《政府工作报告》，http://www.gov.cn/zhuanti/2020lhzfgzbg/index.htm。

数字化、智能化转型，催生新的业态，实现新的结构升级。

三、数字化转型的主要特征

（一）组织形式与产业形态的变化

数字化转型会带来产业和组织形态的变化，表现为从刚性组织向液态组织的转变以及从产业链向协同生态的转变。

第一，从刚性组织向液态组织的转变。传统刚性组织的优越性体现在根据工作类型和目的划分工作，劳动者具有清晰的职责范围，各司其职，从而使整个组织能够高效完成既定任务。但是，这一过程也意味着企业需要付出巨大的协调成本，劳动者对于自身价值和贡献度的感受有限。特别是在规模经济进一步发展的当下，传统的刚性组织形式愈发难以适应快速发展的市场和日趋激烈的竞争。

数字经济的发展，特别是互联网和平台的出现，让跨越企业边界的大规模协作成为可能，这有助于降低组织内部的管理成本和外部市场的交易与协同成本。数字化转型的这一进程加速了向液态组织结构的转变进程，不仅打破了企业内部与外部的界限，也打通了企业内部各部门间的界限，有助于实现要素的自由组合和自由流动。

案例 5.1　阿里巴巴"变形组织"[①]

阿里巴巴的企业组织由两部分组成：一部分是比较稳定的公司人事组织架构，目的是使企业在一段时期内人、财、物的归集管理清晰，也满足员工心理上的归属感，有利于组织管理平稳；另一部分是在实际工作场景下自发组成的不稳定的"战斗"执行组织，目的是针对特殊的项目、关键性的任务、前沿性的创新机会及共同爱好者组成跨部门的临时组织。类似阿里巴巴的"618"和"双11"部门，能在公司的组织序列中叠加一层"变形"架构，公司层面承认其官方属性，组织架构趋于随机应变，更适应在移动互联网和数字化时代的快速变化，使企业生存能力和规避风险能力大大提升。

阿里巴巴的这种变形组织给企业带来了活力，也让员工各种新奇的创意有机会成为企业下一个增长点，极大地激发了个人的创造力和积极性。

第二，从产业链向协同生态的转变。数字化转型的影响正在向各个行业渗透，与复杂度最高的实体商业展开深度融合。在中国，越来越多建立在硅基基础上的多企业协作网络组织、类产业集群甚至生态系统正在逐步形成，越来越多的数据可用于商业决策，数据将成为未来商业发展的土壤，创造未来的商业生态。

---

① 数据来源：阿里研究院《解构与重组：开启智能经济》。

硅基生态充分利用互联网、云计算、大数据等数字化技术优势，通过精确匹配供需重构供应链，广泛利用创新的商业方法和生产工具对零售、批发、制造、供应链等各环节进行改造和升级，淘汰落后的、过剩的生产能力。这种协同生态系统的资源配置模块最终可以整体实现零错配的完美状态，即为每个企业客户的每一笔订单定义一条生产和物流的供应链。原本只存在于企业对企业（business-to-business，B2B）领域的、个性化的供应链协作机制，在数字化技术的推动下，将进一步延伸到个体消费者领域，极大地提升了消费者的福利。

（二）劳动力需求与供给结构的变化

数字经济以数据为关键生产要素，以人机协同为主要生产和服务方式。正因如此，数字化转型会带来就业市场供求结构的深刻变革。

一方面，劳动力需求结构将呈现岗位多样化增强、低端岗位减少、中高端岗位增多等特征。由于越来越多的岗位可以被人工智能替代，数字技术带来的整体趋势是劳动力市场上的低技术岗位被逐渐压缩，但人机协作也将催生出大量操纵、配合人工智能工作的岗位需求。同时，数字经济的发展使得很多职业的门槛降低，经过简化处理后，原先很多需要专业化知识的岗位会向更多缺乏技能基础的人开放，为这部分劳动力的就业升级提供了空间。

需要指出的是，数字经济发展对我国劳动力需求的冲击，具有与他国不同的特点。以中美两国为例，由于资源禀赋的差异，中国的产业数字化转型将更多地呈现机器赋能人、劳动友好型的特征；而美国则更多地是机器替代人、资本友好型的特征。Frey 和 Osborne（2017）根据美国劳动局 2010 年的统计数据测算了不同行业劳动者被数字技术替代的概率，结果显示，约占美国整体劳动力市场雇佣规模 47% 的人群面临着被替代的高风险，这些劳动者大部分来自服务业、零售相关行业，以及行政和办公支持部门都属于中等收入群体比例较高的劳动力密集行业。根据中国信息通信研究院的报告《中国数字经济就业发展研究报告：新形态、新模式、新趋势》，数字经济时代的就业吸纳能力不断增强，且对于工作经验和学历要求较为宽松，提供了相对公平的就业机会；与此同时，岗位灵活性突出，兼职岗位的需求较高。数字经济的发展创造了大量新职业和就业机会。2019 年和2020 年，人力资源和社会保障部先后发布了 2 批 29 种新职业，与数字经济相关的职业比例超过 75%[①]。

另一方面，从劳动力供给结构看，劳动者的职业边界逐渐模糊，开始拥有多种职业标签。随着数字化转型与传统产业深度融合，劳动者不再需要追求固定职业，可以实现多平台就业。例如，目前全国近千万的淘宝商家、1.5 亿抖音用户可能没有一份固定职业，但他们的收入并不比拥有固定职业的人群低。与此同时，

---

① 数据来源：《中国数字经济就业发展研究报告：新形态、新模式、新趋势》。

目前全国 3000 多万的网约车司机也可能并未在固定单位就职①，他们白天开网约车，晚上开淘宝店，还可以在闲暇时用抖音给店铺打广告，创收的渠道比原来丰富很多。平台的出现凸显了个人的市场价值，一方面解决了专业市场、销售、管理、物流等专业服务问题，另一方面解决了如何匹配消费者的问题，个体只需要发挥自己的才华和优势创作出独具一格的内容，就有机会在平台上实现灵活就业。

（三）区域发展格局与生活方式的变化

数字化转型有可能重塑区域发展格局，赋予地区新的竞争优势。数字经济可以分为以硬件、软件和信息与通信技术为代表的核心层以及包括工业互联网、智能制造、平台经济等在内的非核心层。在中国的数字化转型进程中，各地区的核心层发展分化较大，但非核心层分布相对均衡。由于数字经济非核心层对基础设施等要求较低，欠发达地区可以通过特色产品以及创新性要素形成竞争优势，缩小与发达地区经济发展的差距。

数字化转型还将重新定义人类的社会距离。新冠肺炎疫情下的生活让人们深刻意识到数字经济给人类社会带来的巨大便利，不仅工作和学习可以在线上完成，就连日常生活必需品也可以通过网上订购并借助快递公司的无接触配送得以实现。例如，在疫情期间，武汉市相关政府部门动员电商、超市、农业龙头企业等，大力推进社区团购和集中配送工作，苏宁易购、家乐福、苏宁小店积极响应，通过微信群发起社区拼团接龙，达到最低配送标准自动成团，当日下单次日统一配送。与此同时，很多偏远地区的特殊产品也都可以通过网上销售走进千里之外的家庭中，不再受到距离的限制，市场范围明显扩大。在数字化转型的背景下，距离不再被理解为传统的地理距离，而更多地被考虑为网络服务和快递业务的通达性与覆盖程度。

四、产业数字化转型现状

（一）全球市场

数字化转型与产业结构升级在提升社会劳动生产率，特别是降低劳动成本、优化产品和服务、创造新市场和就业等方面为生产和生活带来的变化是革命性的。正是由于数字技术、人工智能在经济和战略上的重要性，近年来全球主要国家纷纷加大对数字经济，特别是人工智能的关注和支持力度，全球人工智能市场快速扩大。如图 5.5 所示，德勤的有关研究指出全球人工智能的市场规模截至 2018 年已达 1.18 万亿美元，预计至 2025 年将超过 6 万亿美元，在 2017～2025 年的复合增长率将达 30%，呈现出现象级的迅猛增长态势。

---

① 数据来源：阿里研究院《解构与重组：开启智能经济》。

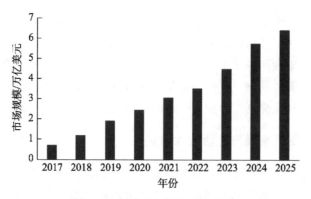

图 5.5　全球人工智能市场规模

资料来源：德勤 2019 年《全球人工智能发展白皮书》

从行业分布来看，人工智能主要应用于制造业，通信、传媒及服务，自然资源与材料等传统市场（图 5.6）。预计至 2030 年，制造业，通信、传媒及服务，自然资源与材料三个行业将分别以 16%、16%、14% 的比重占据前三名。

（二）中国市场

在全球人工智能市场迅速扩大、人工智能与传统产业深度融合的背景下，随着我国在算法、技术、场景和人才等方面的不断充实，人工智能正在向各个领域渗透，推动实体经济向数字化转型。

根据德勤 2019 年的相关估计，我国的人工智能核心产业规模已超过 1000 亿元，而在 2020 年可能对应增长至 1600 亿元，并带动相关产业规模超 1 万亿元。分区域来看，北京、上海、浙江、广东等地的人工智能相关产业规模位居所有省份的前列，在 2020 年分别可达到 1400 亿元、1300 亿元、2700 亿元和 2800 亿元。

人工智能的产业化应用离不开资本市场的助推。中国人工智能投融资已经由探索阶段转入商业化阶段,融资金额和融资项目快速增长。根据亿欧智库的统计，中国人工智能领域的私募投资热度在 2017～2018 年达到顶峰，2017 年的投资总额达 455 亿元，2018 年为 368 亿元，其后投资频次和额度开始大幅回落，2019 年全年投资频次仅为 2018 年的 30%[1]。虽然私募投资趋于饱和，但是人工智能企业已经具备相当可观的存量规模。2010～2020 年 4 月成立的中国人工智能企业共计 1135 家；截至 2020 年 4 月，共有 12 家人工智能企业成功登陆科创板。分区域看，2020 年我国人工智能企业主要分布在北京（447 家）、深圳（181 家）、上海（168 家）、杭州（116）等地[1]。

目前人工智能在我国的应用范围已经拓展至制造业、建筑业、金融业、交通

---

① 数据来源：亿欧智库 2020 年《中国人工智能商业落地研究报告》。

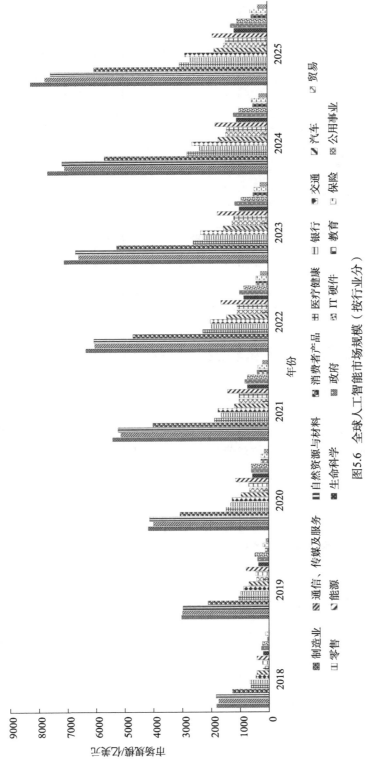

图5.6 全球人工智能市场规模（按行业分）

资料来源：德勤2019年《全球人工智能发展白皮书》

业、医疗健康行业等不同领域。从分行业的投融资频次看，医疗、金融、交通等领域的初创人工智能企业获得了较多的投融资（图 5.7）。活跃的资本环境有助于促进人工智能产业链上下游企业形成规模效应，从而提升人工智能产业实力。

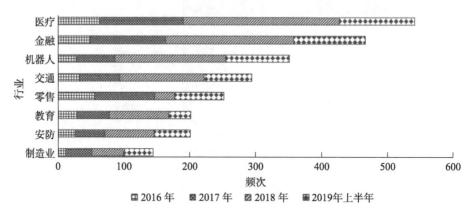

图 5.7　中国人工智能各行业投融资频次分布

资料来源：德勤 2019 年《全球人工智能发展白皮书》

第二节　数字化转型对产业结构的影响

一、数字化转型对劳动力市场结构的重构

本部分主要探讨数字化转型如何重构劳动力市场结构。具体而言，我们将关注数字化转型所创造的新就业岗位对劳动力技能的需求，以及如何在数字化转型背景下开拓劳动力就业的新渠道。

（一）数字化转型如何创造新的劳动力技能需求

人工智能对劳动力技能需求的影响主要表现在以下三个方面：①新职业和新岗位的创造；②传统职业的新任务；③较少被人工智能替代的传统行业。以下逐一分析。

1. 新职业和新岗位的创造

2019 年 4 月至今，人力资源和社会保障部、国家市场监督管理总局、国家统计局已联合向社会发布 3 批共 38 个新职业。这些新职业大部分是和人工智能相关的，如人工智能工程技术人员、物联网工程技术人员、大数据工程技术人员、云计算工程技术人员、数字化管理师、建筑信息模型技术员、物联网安装调试员、工业机器人系统操作员、工业机器人系统运维员、智能制造工程技术人员、工业互联网工程技术人员、虚拟现实工程技术人员、人工智能训练师等。此外，江苏省人力资源和社会保障厅对 1047 户制造业企业、68 万名职工进行了调研。结果显示，人工智能催生了一批新岗位。在被调查企业中，使用机器人技术装备后，增加技能技术岗位的企业达到 25.83%，增加工程师或技术研发岗位的企业达到 29.4%。

人工智能的发展离不开三大要素：硬件、算法和数据。以上的新职业以及未来可能再产生的新职业主要集中在算法和数据方面。①算法相关新职业。这部分新职业的核心技能是"懂机器"，即熟悉计算机编程、智能机器使用和维护等操作。上面提到的人工智能工程技术人员、物联网工程技术人员、大数据工程技术人员、工业机器人系统操作员、工业机器人系统运维员、智能制造工程技术人员等都属于这个范畴。②数据相关新职业。这部分新职业的核心内容是能够产生算法学习所需要的数据标签。通常我们将类似岗位称为数据标注员。数据标注员可以是具有专业知识的高技能专业劳动者，也可以是具有基本常识的普通劳动者。例如，将图像识别应用于医学影像领域，教会人工智能对医学影像进行诊断，就需要大量的专业医生对影像数据进行标注。再如，将人工智能应用于教育领域，产生定制化学习计划，就需要精通知识点的老师对知识点的内在结构进行梳理和标注。不管人工智能采用的是目前流行的深度学习算法还是早期的专家系统，对专业知识的依赖都是必不可少的。未来很可能产生各种专业领域的数据标注员。除去专业领域，目前的人工智能发展更多依赖于普通人的常识，比如对图像、文字的各种识别标注。这些任务要求的技能水平较低，多为重复性烦琐的输入工作，但目前这是蓬勃发展的一个新型职业领域。

基于常识的低技能数据标注已初步形成产业链。目前，中国全职的数据标注者已达到 10 万人，兼职人群的规模则接近 100 万人。兼职标注数据的培训班学员一个月收入在 2000 元左右，全职标注员的月工资为 4000～5000 元。这是一种高劳动密集型的工作，标注员需要每天盯着电脑屏幕 8～10 小时，但并不需要具有高学历。算法公司和人才多集中在北京、深圳、杭州等科技核心区域，而作为一个劳动密集型的中低收入行业，数据标注人员散落在三、四线城市。目前的数据标注工作主要集中在河北、河南、山东、山西等劳动力密集的地区，这样的选址能够以更加低廉的劳动力成本去完成大量的数据标注工作。值得一提的是，贵州近年来着力推动实施大数据战略，已拥有相对完整的数据服务产业生态。例如，2019 年 9 月，支付宝公益基金会、阿里巴巴人工智能实验室联合中国妇女发展基金会在贵州铜仁万山区启动了"AI 豆计划"，这是该计划在全国启动的第一个试点地区。作为"AI+扶贫"的公益新模式，该计划旨在通过人工智能产业释放出的大量就业机会，在贫困地区培训相关职业人才，孵化社会企业，让贫困群众实现在家门口的就业脱贫。从业者不需要背井离乡就可以受训上岗，为人工智能机器学习进行数据的分类和标注工作，让机器可以快速学习和认知文字、图片、视频等内容，成为一名"AI 培育师"。短期内，类似的数据标注员是被人工智能替代的低技能劳动力重新就业的一个简易出口。然而，随着人工智能的发展和更多的数据被标注，数据标注任务的需求可能会逐渐降低。因为普通的数据标注工作要求的技能水平较低，从而会造成这类新职业供过于求，导致收入水平的降低。

人工智能在商业实践中的应用往往涉及具体的人机交互产品设计。因此，另外一个重要的新职业领域是人机交互相关的岗位，即要求既"懂机器"又"懂人"的劳动者。这类行业中的职业包括懂得人工智能算法的心理学家、行为学家和伦理学家等。随着各国对人工智能的相关监管越来越严格，涉及隐私保护和伦理评估方面的内部风控人员、专业监管人员和律师也会随之兴起。

2. 传统职业的新任务

人工智能不仅创造了许多新职业，而且对于传统职业也带来巨大的机遇与挑战。很多传统职业的从业人员可能不会被完全替代，但由于受到人工智能的协助，其工作内涵可能会转向更多针对"人"的部分（即人工智能不能取代的部分），产生基于职业内的任务转化和新技能需求。简而言之，劳动者需要更加"懂人"。例如，在教育行业，科大讯飞公司开发的人工智能学习机，已经可以辅助教师出考题、批改作业，甚至替代教师对知识点进行个性化讲授。这时，作为一种职业，教师很可能不会被完全替代，而是转向更多地与学生进行心与心的交流，激发学生的好奇心和求知欲，带领学生在如何应用所学知识方面进行项目制学习探索等。再如，在医疗行业，人工智能的诊疗方案可能对医生形成重要辅助，促进分级诊疗，使得医生可以把更多精力花在向病人解说病情并对病人给予关爱和鼓励等更加人文的职业内涵上。总之，当人工智能胜任了机械性、重复性的烦琐工作之后，劳动者需要更多地转向人际交流以及发挥创造性的工作内容上。

3. 较少被人工智能替代的传统行业

尽管人工智能的兴起给许多传统职业带来威胁，但仍然存在部分职业在可预见的未来不能被人工智能替代。这部分职业的工作核心主要是以人为本和个性化，机器不能代替人的情感共鸣和精神关怀。例如，人工智能可以极大提高生产力，增加社会平均收入，从而增加对服务业、教育和精神文化产品的需求。现有的与人工智能的产业化应用有关的诸多研究，大多都认为数字化转型将给服务业带来极大的发展机遇，这一行业与"人"产生的联系最多，诸如家政、医护、养老等。与此同时，强调个性化、创造力和提供精神产品的文化娱乐行业也可能迎来新的增长浪潮。对于建筑师、艺术家等职业，由于机器无法替代人类的抽象审美、艺术创造等才能以及人的情感灌注，因此这些行业的从业者需求也可能增加。

（二）数字化转型如何创造新的劳动力就业渠道

人工智能的发展会替代相当一部分劳动力，也会创造新的就业需求。虽然现有研究显示，人工智能在长期对劳动力市场的净影响是增加需求，但是中短期的就业问题依然十分严峻。例如，被替代的劳动力是否能平稳过渡到需求增长的新职业？我们的教育系统需要如何适应数字化转型的发展需求，从而培养出适合的人才？基于前一部分对数字化转型发展带来的新的就业机会和技能需求的分析，我们在这里进一步探讨可能促进劳动力就业的渠道和举措。

我国现有的人才供给与人工智能带来的市场需求相比仍然有很大缺口，技术专业结构也与人工智能的发展要求存在错配。人力资源和社会保障部 2020 年发布的新职业系列报告指出，我国人工智能人才缺口超过 500 万人，国内供求比例为 1：10，供求比例严重失衡。如果不加强人才培养，到 2025 年人才缺口将突破 1000 万人。2020～2025 年，物联网行业人才需求缺口总量超过 1600 万人；云计算工程技术人员所在的云计算产业将面临 150 万人的人才需求；而大数据工程技术人员所在的大数据行业在 2020 年的人才需求规模约为 210 万人，且 2025 年前仍将保持 30%～40% 的增速，需求总量在 2000 万人左右。目前讨论较多的举措，是通过在职培训、在线教育（如慕课等）、中小学教育系统培养更多人工智能方面的专业人才。然而，根据上一部分的分析，培养适应人工智能等数字化转型的专业人才只是整个图景中的一部分。我们需要进一步厘清当前中国的劳动者结构，才能深入探讨不同禀赋与特征的劳动者适合对应和转型到何种新增劳动力需求上。

我们基于劳动者年龄和受教育程度，根据前一部分讨论中指出的新劳动力技能需求，进一步探讨了不同特点的劳动者如何能够高效转型。研究发现，人工智能发展对 15～55 岁的劳动者的替代率较为相似，均在 30% 左右。学历低于大专水平的低受教育程度劳动者被替代的比例在 30% 左右，而专科、本科及以上的劳动者的替代率分别为 20% 及 10% 左右。不同特点的劳动者的转型路径很可能不一样，所需要的政策支持也不一样。

我们按照年龄把人群分为年轻人和中年人。其中，年轻人指的是尚未进入或初进入劳动力市场的劳动者。他们学习新技能的能力较强，回报率较高，未来转变职业的成本较低；而中年人指的是在劳动力市场有一定经验的劳动者。他们学习新技能的能力较弱，意愿也不高。我们进一步按照受教育水平把劳动者分为受教育水平高和低两个群体。其中，受教育水平高的劳动者获取新技能的成本更低。不同的人群适应人工智能挑战的转型方向不同，需要的政策支持强度也不同。

1. 中年人的转型路径

劳动力市场中的中年人总数较多，工作经验丰富，但在人工智能的冲击下受的影响也最大。其中，处于制造业、建筑业和批发零售业的现有劳动力最容易被人工智能替代。

这部分在职者的共同特点是学习新技能的能力和意愿都不高，因此很难成为掌握人工智能技术的"懂机器"的人才。但是，他们的优势是"懂人"和具备专业知识。对于其中受教育程度高的劳动者，由于在行业中具有丰富的工作经验和深厚的行业积累，因此可以为该行业"人工智能+"的发展提供落地场景、应用设计、专业数据标注等工作。这类劳动者转向类似"传统职业的新任务"是比较符合现实的。而受教育程度低的劳动者，由于掌握新技能的成本较高，可以转入基础性数据标注工作，或者转向传统的服务行业。这部分人群面临的就业困难较大，是政府需要重点关注和帮扶的对象。

2. 年轻人的转型路径

年轻人学习能力强、意愿高，可以向"懂机器"、"懂人"和"既懂机器又懂人"三个方向发展，增强自己在人工智能时代劳动力市场上的竞争优势。对于其中受教育程度高的群体，可以通过人工智能技术的在职培训、互联网教育和学校教育等途径大力发展其在编程和算法方面的技能。对于受教育程度较低的群体，可以着重提升其"懂人"的能力，进而从事预测中将会蓬勃发展的相关服务业工作，诸如家政、养老、快递等行业。或者着重培养其个性化和创造力，进入文化娱乐和互联网零售行业，诸如网络主播、淘宝店主等。

对这类劳动者"懂机器"、"懂人"和"既懂机器又懂人"相关能力的培养，有以下几种实现路径。

1）在职培训

由于企业有适应竞争日益激烈的市场经济的需求，对于科技进步的方向与市场的需求内容更为熟悉和敏感。大学调整课程的速度与市场需求相比可能存在滞后，不足以深入研究数据科学和机器学习，企业将难以填补软件开发、数据分析和工程领域的职位空缺，因此，企业内部更有针对性的培训和再培训对于就业人群适应人工智能技术的发展极为重要。

以 IBM 公司为例。IBM 董事长、首席执行官兼总裁罗睿兰认为，虽然只有少数工作岗位将会消失，但留下来的大多数职位将需要人们借助分析和某种形式的人工智能来工作，这将需要大规模的技能培训。要为范式转变做好准备，公司必须把重点放在三件事上：再培训，聘用不一定拥有四年大学学位的员工，以及重新考虑新员工队伍如何适应新的工作角色。IBM 正在投资 10 亿美元，通过实施学徒制等举措，培训员工从事"新白领"工作。"新白领"的工作范围很广，从呼叫中心的工作到开发应用程序，或者在完成 P-TECH（科技大学早期高中课程）

项目①后成为 IBM 的网络分析师。

2）互联网教育

随着互联网的发展，包括网络课程在内的互联网教育也蓬勃发展，有效补充了传统学校教育的不足。例如，中国就业培训技术指导中心联合阿里巴巴钉钉推出的新职业在线学习平台 2.0 版于 2020 年 6 月正式上线。该平台是全国首家专注于新职业数字资源培训的线上服务平台，立足培育新型技能人才，上线当年计划培训 100 万名新职业从业者。平台已完成首批数字化管理师、人工智能工程技术人员、物联网工程技术人员、大数据工程技术人员、云计算工程技术人员、建筑信息模型技术员、电子竞技运营师、无人机驾驶员、农业经理人、物联网安装调试员、工业机器人系统操作员等 13 个新职业的在线培训资源上线工作，可以基本满足学习者的学习需求。同时，第二批供应链管理师、网约配送员、人工智能训练师、全媒体运营师、健康照护师等 16 个新职业也正在启动培训资源上线前的准备工作。

3）学校教育

我国的学校教育系统需要针对人工智能做出较大的颠覆式变革。目前大部分学校的知识教授仍然强调计算、记忆等很容易被人工智能所取代的技能，与人工智能时代的劳动力需求有巨大的错配。在大力推广编程等人工智能技能学习的同时，学校教育应该让学生更加"懂人"和更具备好奇心、创造力和个性。这些素养都是很难被人工智能替代的。

例如，Trajtenberg（2018）指出，学校需要培养的相关技能可分为三种。第一，分析、创造和适应能力：批判性和创造性思考能力、分析和研究能力、适应性思考能力、设计思维、强感知能力等。第二，人际交往和交流能力：高效交流能力、人际交往能力、社交智商、协作能力等。第三，自信和情商：自我认知、同理心、抗压能力、调节情绪能力等。

特别需要指出的是，好奇心、创造力、人际交往能力、同理心、适应力等能力的底层基础发展在儿童 0~6 岁学龄前时期是最为关键的。也就是说，学龄前家庭教育和幼儿园教育对于这些人工智能无法替代的素养的形成起到了决定性作用。例如，孩子天生就有好奇心和创造力，但在不当的家庭养育环境和幼儿园教育中可能被压抑和抹杀。安全感是发展同理心、人际交往能力和适应力的根本基石。而安全感的培养主要来自幼年受到的来自家庭的关爱。未来可能面临职业种类的快速迭代，只有在幼年时期通过稳定的亲密关系建立起良好安全感的人，才能更擅长与人打交道，以及更快速地适应未来的社会。

我国在家庭教育引导和幼儿园教育质量提升等方面还有相当大的空间。我国

---

① 该项目从高中开始，需要 6 年时间，并获得大专学位。

在孩子出生和养育的不同阶段都有干预的方便节点，比如可以通过领准生证和打疫苗等节点，给父母提供对应的线上课程及其他学习资料，向他们普及在人工智能来临的时代给予孩子安全感，发展其好奇心、创造力、适应力等能力的必要性，介绍适应人工智能时代的家庭科学育儿方式。也可以在不同阶段提供对家庭养育方式的在线测评和建议。在幼儿园和早教机构方面，应该发现、鼓励对相关方面进行探索的新教育式机构，并对其经验进行宣传和普及。

二、数字化转型对企业生产经营的影响

近年来，以 5G、人工智能、数据中心、工业互联网、物联网等为代表的新型基础设施建设日益受到政府、企事业单位乃至全社会的关注。信息技术的蓬勃发展推动了互联网产业的快速发展，"互联网+"成为众多传统行业转型升级的新动力，推动社会发展进入到数字时代，数字经济正成为全球增长的重要动力。

数字化转型对传统行业各参与方会产生不同程度的影响，全方位的企业变革包括销售、安防、人力资源管理、市场营销、个人助理、智能办公在内的各环节，企业数字化转型的趋势日益明显，部分企业已实现了较为成熟的数字技术应用，这一趋势在未来将会更加明显，并在很长一段时间内持续下去。具体来说，数字经济时代的通用技术将会对企业的各个生产经营环节产生深刻影响，下面逐一分析。

（一）市场调研

很多企业在推出新产品前往往要花费大量人力和成本进行市场调研，通过问卷、电话、互联网等渠道进行调查，以便更好地了解消费者需求。在获取到一定量的市场数据后，还需要由专业人员花费大量时间完成对数据的分析。而在数字化转型的背景下，数据获取和分析均可由人工智能完成。人工智能可以在学习现有数据的基础上完善算法，并不断改进，通过多个渠道完成商圈洞察、人群画像、品牌舆情等商业分析行为，大大提高工作效率，也为企业节省了成本。

（二）客户吸引与维护

企业的获客能力和客户关系管理直接影响其收入和利润，相比于通过使用先进技术提升企业管理效率，数字化技术对获客能力的影响给企业带来的好处更加直接且更易量化，因此越来越多的企业会在获客环节引入数字技术。

第一，使用客户关系管理（customer relationship management, CRM）系统。企业的传统获客方式有限，而且需要付出高额的人工成本进行客户关系维护，客户关系管理系统专门服务于企业对客户的长期管理，以提升客户忠诚度。客户关系管理系统主要是指服务于销售人员的前端获客、营销人员的品牌管理和售后服务人员的客户服务环节的辅助性软件。随着 SaaS（software as a service，软件即服

务）概念的兴起，应用于客户关系管理的软件服务受到越来越多企业的关注和使用，它们能够帮助企业提升获客效率，直接增加企业收入。

2018 年全球 SaaS 市场规模达 871 亿美元，[①]其中客户关系管理和企业资源计划（enterprise resource planning, ERP）是主要服务类型。信息技术的高度发展和云计算的全球化进一步推动了客户关系管理走向云端，销售、客服人员无须前往办公岗位或客户所在地，通过云端系统就可以查询客户状态，对客户需求做出更快、更及时的反应；分析型客户关系管理还可以帮助服务人员更准确地了解客户偏好，提供及时、有效的服务，这些服务不仅给企业带来了更加稳定的客户资源，也极大地改善了消费者的服务体验，是一个双赢的过程。

第二，使用流量平台进行广告投送。在中国率先兴起的是电商类 SaaS，它们能够让商家直接在微信、快手等各个流量平台开店，帮助商家直接创收，减少了很多中间环节和交易成本。由于开网店的成本较低，很多人将其作为一种副业。随着微信、抖音等流量平台在人群中的普及，通过这些平台进行广告投送也变得越来越普遍，一方面可以通过算法使广告推送更加精准，另一方面相比于电视广告，通过流量平台进行广告投送成本更加低廉。

第三，使用人工智能客服替代一部分人工客服。随着信息技术的发展，越来越多的消费者习惯于在线上处理交易中的各类问题，对于线上客服的需求随之增加。传统客服人员的工作内容较为简单，因此许多企业选择引入人工智能客服来代替传统的客服人员处理业务。根据德勤的测算，[②]客服机器人已经替代 40% ~ 50% 的人工客服工作，而到 2020 年这一数字估计已上升至 85%。来自市场的需求正在加速推动这一进程，2018 年"双十一"期间，"阿里小蜜"就承担了全平台 98% 的客服咨询量，相当于 70 万人工客服一天的工作量。

（三）财务与信息管理

过去企业对于其经营中产生的大量票据、证照大多采用人工的方式管理，不仅面临较高的人工录入成本和时长，而且人工处理的效率较低，票据查验和财务处理流程较长，不利于资金的有效流动，传统的财务管理方式存在丢失等风险，给长期保存和后期复核带来了难度。

随着人工智能对图像识别能力的增强，数字化技术正逐步开发应用于企业的各类图片信息管理环节中。例如"腾讯优图"基于自主研发的高精度通用光学字符识别（optical character recognition, OCR）技术，实现了证照类、票据类等 50 多种场景的 OCR 技术，关键字段准确率达到 98%，并通过云服务在多个行业得到

---

① 数据来源：中国信息通信研究院《云计算发展白皮书（2019 年）》。
② 数据来源：德勤 2019 年《全球人工智能发展白皮书》。

广泛运用，信息录入速度提升 90% 以上①，在业务处理效率提升的同时也极大地节省了人工录入成本。

（四）合规与法务

企业在其生产经营活动中不可避免地会面临各种合规问题，需要及时调整以适应相关政策法规的变化。此外，企业在订立合同时也需要专业的法律人员进行辅助，这些生产经营活动都需要大量具备专业知识的人员参与。随着数字化转型的渗透和深化，数字技术的发展也在不断吸收和汲取法律、会计、审计、税收等商业服务中的专业技术，人工智能将具有与人类在某种程度上（初级专业人员水平）相当的技术和知识，可以为需要服务的用户提供专业化的商业服务，如智能化合同风险审核等。这种变化大大减轻了企业的成本压力，提升了企业管理的效率。

三、数字化转型对各产业的重塑

在产业数字化转型升级的背景下，人工智能作为新技术基础设施，被视为支撑传统基础设施转型升级的融合创新工具。在大力推进新型基础设施建设的背景下，人工智能技术正在广泛渗入我国新基建的过程中，加速产业的数字化转型及智能化升级，助力经济发展新旧动能的转换。有研究指出，通过转变工作方式以及开拓新的价值和增长源，到 2035 年，人工智能有潜力将中国经济总增加值提升 7.111 万亿美元，将中国经济年增长率从 6.3% 提速至 7.9%，同时推动中国劳动生产率提高 27%②。特别是新冠肺炎疫情暴发以来，受疫情用工难、成本加剧、劳动力感染等风险因素的影响，制造业和服务业都在加快人机结合的进程，向制造、服务智能化进一步转型。与此同时，在疫情防控过程中，城市治理也在逐步与人工智能融合，推动智慧城市建设以及政府治理能力的现代化。

（一）制造业

随着我国劳动力供给的减少和劳动力受教育水平的提高，传统制造业发展所依赖的大规模低成本劳动力优势将不复存在，与此同时，个性化、定制化的需求对智能互联的设备、灵活高效的自动化流程以及价值链各环节的无缝协作提出了更高的要求，生产过程中人工操作的精准度、可重复度以及对复杂工序的适应度也正面临着巨大的限制，数字化转型成为传统制造业转型升级的关键。

人工智能在制造业的应用场景主要包括产品研发设计的智能化、制造和管理流程的智能化以及供应链的智能化，涉及工业机器人、制造业物联网、制造业大数据分析、制造云、智能工厂解决方案等细分行业。2020 年政府工作报告提出要

---

① 数据来源：《2020 腾讯人工智能白皮书》。

② 数据来源：埃森哲研究。

"发展工业互联网,推进智能制造,培育新兴产业集群"[①],在人口老龄化加速与劳动力成本提升的背景下,制造业的数字化转型是大势所趋,人工智能在制造业的应用具有巨大潜力。相关研究显示,2016 年全球制造业中涉及人工智能及相关应用场景的市场规模约为 1200 亿美元,2025 年有望超过 7200 亿美元,复合年均增长率预计超过 25%[②]。

人工智能在制造业的应用,可以优化制造业各流程环节的效率。波士顿咨询公司(Boston Consulting Group, BCG)的研究发现,人工智能的使用可降低制造商最高 20%的加工成本,而这种减少最高有 70%源自更高的劳动生产率。人工智能在制造业渗透率的提升是中国制造业转型升级的必经之路。不过值得注意的是,伴随着制造业的数字化转型,在提升产品质量、优化生产效率的同时,必然会带来制造业劳动力需求结构的变化。

第一,工业机器人的大规模应用以及由此形成的智慧工厂、无人工厂模式将导致一部分工人失去原有的劳动岗位。国家统计局数据显示,2020 年上半年,我国工业机器人产量为 93 794 套,同比增长 10.3%。据 IFR 组织统计,2018 年我国工业机器人密度(平均每万名工人所拥有的工业机器人数量)已提升至 140 台/万人,相比 2017 年提高 30%,远超同期全球平均水平(99 台/万人),且依然具备较大的成长空间与发展前景。随着工业机器人与现有生产环节的深度融合,工业机器人可以替代人类劳动者进行焊接、装配、搬码、喷涂、磨抛等各项工作,涉及生产、组装、质检、物流等各个环节,覆盖航天、钢铁、汽车及工程机械等多领域的生产,已经形成了诸如美的自动化空调生产线、上汽通用金桥工厂等一批高度数字化的无人工厂。

对于制造业企业,尤其是劳动密集型企业而言,通过"机器换人",不仅能够缓解劳动力不足和人工成本持续上涨等问题,还能提高工作准确度、安全性和效率。但是,从社会角度看,"机器换人"也会在一定程度上对就业形势带来冲击,尤其是对可替代性更高的低技能工人,这其中就涉及了大量的中等收入群体。如果不加任何干预,到 2035 年,制造业人工智能应用率约为 39.3%。人工智能应用率的不断升高,将会促进工作自动化率的提升,并代替人类劳动力完成相关工作。根据本课题组的测算,到 2035 年,制造业因人工智能导致的工作自动化率约为 29.1%,据此估计,到 2035 年,人工智能的替代效应将导致制造业减少约 2727 万个就业岗位,对应的就业岗位减少比例将达 19%。

第二,制造业的数字化转型将创造大量对劳动力技能要求更高的新岗位,提升制造业从业人员的整体薪酬水平。在"中国制造 2025"的战略部署下,制造业企业正在生产设备自动化的基础上打造高度数字化的智能生产系统,向产业价值

---

① 《政府工作报告》,http://www.gov.cn/zhuanti/2020lhzfgzbg/index.htm。
② 数据来源:德勤 2019 年《全球人工智能发展白皮书》。

链高端迈进。在这一过程中，需要大批高水平的技术研发人员，通过研发创新，推动人工智能在制造业应用的多元化、高端化、一般化；与此同时，还需要大量具备一定人机互动知识的专业人员在生产的各环节与人工智能进行有效互动。

案例 5.2　美的中央空调自动化生产线

通过重金投入，美的中央空调合肥基地打造了一个数字化车间。车间总体设计、工艺流程及布局均已建立了数字化模型，生产车间配置了数据采集系统和先进控制系统，生产工艺数据的自动数采率为 90%以上。在美的中央空调合肥工厂，钢板脱脂清洗、钢板自动化卷圆、自动化焊接等工序均由机器完成，大大降低了生产成本，生产线人数下降50%，人机比达到4%以上，提高了生产效率和产品质量。

另外，美的集团 2019 年年报显示，美的工业互联网平台"M.IoT"成为国内首家集自主工业知识、软件、硬件于一体的完整工业互联网平台供应商，重点打造数据采集与监控系统平台、工业云平台、工业大数据平台和工业软件服务。

案例 5.3　海立空调压缩机智能工厂

作为全球领先的空调压缩机制造商，海立生产线的大部分工序已被机器人取代，尤其是在新冠肺炎疫情防控期间，借助自动化系统，海立的多个生产基地提前实现复工、防疫两不误。

海立最新智能工厂的核心是整合了订单、生产、仓储、供应链管理等多环节的数字网络，不仅打通了企业各部门，还链接了整条产业链，客户在线下单后，在海立制造部门响应的同时，上游供应商也自动得到通知，从而能及时将零部件送达；之后，全自动小车会根据系统安排，自动将所需零件送抵工位；而最终的制成品也由小车根据订单状况自动送到待发货区或仓库。

（二）建筑业

建筑业的数字化转型，有助于建筑企业对项目全流程、全要素进行动态管控，实现人员、机器设备、原材料等生产要素的智能调配以及项目进度、环境与安全等环节的智能监控，推动建筑企业项目管理的智能化和精细化发展。

目前全球建筑行业大型投资项目约有 20%存在时间延迟，80%的项目实际执行金额高于预算，全球建筑行业平均利润率为 4.4%，而中国建筑企业的利润率仅为 1%~3%，与此同时，建筑行业的研发投入占比不足 1%，远低于其他行业（如汽车业 3.5%，航空业 4.5%）[①]。与其他行业相比，建筑业数字化发展的落后是由

---

① 数据来源：广联达科技股份有限公司《数字建筑：建筑产业数字化转型白皮书》。

其特点决定的,建筑业的项目运作模式导致其不易标准化,而且建筑项目往往需要多个主体协作完成,协作要求高,可控性差。

至 2019 年底,建筑业从业人数占全社会就业人员总数的 7.01%,比上年降低 0.16 个百分点。随着全球人口的迅速增长和建筑业劳动力供给的下降,当前建筑业较低的生产率和人们对于住房及更可持续发展的建筑技术的巨大需求之间的缺口将导致建筑行业的变革压力越来越大,建筑企业亟须通过数字化转型来改变现状。

建筑业的数字化转型可以引入大数据及分析、虚拟现实(virtual reality, VR)和增强现实(augmented reality, AR)、移动交互、3D 打印、智能建筑设备和机器人、无人机、嵌入式传感器等新技术。人工智能在建筑业的应用,有助于建筑企业对项目全流程、全要素进行动态管控,实现人员、机器设备、原材料等生产要素的智能调配以及项目进度、环境与安全等环节的智能监控,推动建筑企业项目管理的数字化和精细化发展。

在建筑业企业数字化转型的过程中,同样会伴随建筑业劳动力需求结构的变化。一方面,通过人工智能识别,建筑工地数钢筋、数钢管等低技术岗位的劳动力需求将大幅下降。建筑业的人工智能应用率约为 40.3%,由此导致的工作自动化率约为 11.5%。根据本课题组的测算,至 2035 年,人工智能产业化应用将会替代约 510 万的建筑业就业工人。另一方面,数字技术的应用亟须一批智能建造人才,涵盖建筑专业技术人员、经营管理人员和产业工人队伍,特别是以土木工程专业为基础,融合计算机应用技术、工程管理、机械自动化等发展而成的新型复合型人才。

案例 5.4　广联达助力建筑企业数字化

广联达科技股份有限公司(以下简称广联达)成立于 1998 年,于 2010 年在 A 股上市,是以"数字建筑"为引领的数字建筑平台服务商。广联达开发的数字项目管理平台结合了建筑信息化模型(building information modeling, BIM)和智慧工地技术,能够面向用户提供模块化应用,并集成生态应用,满足多方用户的应用需求。

通过"BIM+智慧工地"平台,广联达将人工智能场景逐步引入建筑行业,推动项目管理的数字化和精细化,目前已经可以实现数钢筋、数钢管、明火识别、吸烟识别、烟雾识别、动火识别、周界入侵、口罩佩戴识别、车牌识别、人脸识别、姿态检测、安全帽佩戴检测等人工智能项目管理,覆盖人员、机器设备、原材料等生产要素的智能管理以及项目进度、环境与安全等环节的智能监控,实现了从单纯的要素和活动数字化到生产要素管理的一体化。

除了项目智能管理以外,广联达提供的数字项目管理平台还能够联通集团层、企业层和项目层，提供数据通、资源通、业务通和管理通一体化的数字化建筑整体方案，通过大数据和人工智能算法，为建筑企业提供基于大数据和人工智能算法的工程报价方案、施工 BIM 建模、动态成本控制、项目实时监控与决策等服务，帮助建筑企业实现项目全周期内要素和活动数字化、管理和协作在线化、方案和决策智能化。

通过将人工智能充分应用于建筑企业经营活动的各个场景中，广联达的数字化平台能够帮助企业准确获取项目的实时信息，保持业务和财务管理信息畅通，进行全面循环的质量管理[1]，推动建筑企业的数字化转型，实现建筑企业基于人工智能的项目管理精细化、企业管理集约化和 BIM 应用深入化。

（三）交通业

随着人工智能技术在交通业的应用，我国的交通业也在朝着数字化、电动化和共享化的方向发展，以无人驾驶为核心的智能交通产业链逐步构建。按照当前的趋势，交通业的人工智能应用率约为 27.5%，由此导致的工作自动化率约为 19.4%。根据本课题组的测算，至 2035 年，人工智能的产业化应用在交通运输、仓储和邮政业将会替代约 432 万个就业岗位。

我国交通运输行业的企业较为分散、落后。在中国的货运体系中，快递、快运和大宗货运的市场比例分别为 10%、75% 和 15% 左右，占比最高的快运的落后程度更严重。在我国的公路货运中活跃着高达 3000 万货车司机及部分辅助人员，从事公路运输的物流企业已经超过 150 万家，行业集中度仅为 1.2% 左右[2]，市场过于分散导致的恶性竞争使得疲劳驾驶、超载现象屡禁不绝，人工智能下的无人驾驶也许是最佳解决方案，但随着无人驾驶的大规模应用，这些货车司机也最容易被人工智能所替代。

通过数字化转型，在交通运输行业，无人驾驶可以作为驾驶员的替代产品，相较于人力驾驶，人工智能司机不易出现疲劳驾驶、危险驾驶等行为，并且减少了司机本身对乘客人身安全带来的危害风险。从全球定位系统（global positioning system, GPS）的推广开始，各大科技企业和汽车厂商就展开了对个人出行资料的大规模数据积累，这些数据使人工智能得以通过海量数据学习驾驶要领，传感器的应用也增强了其实时感应和判断的能力，理论上比人力驾驶安全系数要高。但是，由于这项技术本身受到广泛关注，一旦发生事故更容易引起信任危机，使得无人驾驶技术推广到载人场景十分困难。

目前，自动驾驶较为成熟的应用场景是载货，而尚未在载客场景下广泛使用，并且在过程中需要运营团队的支持与配合。目前的自动驾驶仍需要在受控范围内

---

① 即计划、执行、检查、处理（plan—do—check—act, PDCA）的四阶段过程。

② 《无人驾驶，或将促使整个物流业"结构变革"》，https://www.iyiou.com/news/2018053173586。

运行，需要在前期合理规划运营线路，制定详细的运行图，因此一个运营团队是必不可少的。正是由于这项技术前景可观，目前很多企业在招募无人驾驶的运营岗位员工，网约车巨头之一的滴滴公司就表示计划扩充团队以加强自动驾驶部门，加快在上海及其他地区扩展自动驾驶出租车服务。

北京是全国自动驾驶路测的先驱。《北京市自动驾驶车辆道路测试报告（2019）》显示，截至2019年底，共有151条总长503.68公里的自动驾驶测试道路开放。但与此同时，北京市对自动驾驶也有较为严格的要求，其中之一就是每辆车都会配备一名安全员。从2020年10月10日起，百度在北京开放了自动驾驶载人测试，投放了40辆无人驾驶出租车 Robotaxi，大批乘客争相试乘。瑞银集团此前曾预测，到2030年自动驾驶出租车市场规模将超2万亿美元。麦肯锡也预测称，中国可能是全球最大的自动驾驶市场，到2030年，基于自动驾驶的出行服务订单金额将达2600亿美元。但无人驾驶是否最终能够在没有安全员的监管下真正实现无人进行，除了技术之外，还需要考虑公众接受度以及法律制度的规范等相关因素。

（四）金融业

金融业对人力资本的要求较高，这意味着目前人工智能主要替代的是客服、销售人员，而对于金融分析等技术岗位，人工智能技术只能分担基础性工作，提升从业人员的工作效率，尚不能完全取代人工。我们的测算显示，到2035年，人工智能在金融行业的应用率约为39.5%，由此导致的工作自动化率约为21.5%，这意味着人工智能将会在金融业替代164万左右的就业岗位。

2019年8月，中国人民银行正式印发了《金融科技（FinTech）发展规划（2019—2021年）》[1]，这是我国金融科技领域第一份科学、全面的规划，该规划明确提出2019~2021年金融科技工作的指导思想、基本原则、发展目标、重点任务和保障措施，尤其是建立健全我国金融科技发展的"四梁八柱"，确定2019~2021年六方面的重点任务，为金融科技发展指明了方向和路径，对金融科技发展具有重要且深远的意义。

我国传统金融业的发展正面临多方面难题。一方面是成本压力，高端人才的就业薪资水涨船高，企业为了吸引优质人才必须开出有竞争力的薪酬待遇，来自人力成本支出上升的压力很大。另一方面，随着网络技术的发展，交易欺诈、金融风险等问题日益严峻。此外，目前定制化的金融服务往往只向持有高额资金的大客户开放，普通消费者的个性化需求难以得到满足。随着金融业的数字化转型，智慧金融将向纵深发展，有助于改善传统金融业面临的问题。智慧金融的主要应

---

[1]《中国人民银行印发〈金融科技（FinTech）发展规划（2019—2021年）〉》，http://www.pbc.gov.cn/goutongjiaoliu/113456/113469/3878634/index.html。

用场景可以分为智能风控、智能投顾、智能客服、智能投研、智能营销、智能理赔和智能支付等方面，涉及金融舆情分析、行情预测分析、风控与反欺诈、个性化与普惠金融等具体内容，数字化转型下的金融科技发展将促进金融业向着安全、有效、精准、普惠的高质量方向升级。

第一，基于人工智能进行金融舆情和行情预测分析。依托于人工智能的自然语言处理能力和基于自然语言处理的知识图谱系统是金融领域应用的重头戏，可以为分析师分担基础性分析工作，同时结合人工智能对于大数据分析的优势实现对资本市场变化的更快反应和预警。但目前人工智能还不能完全做到自主决策，对于更加复杂的场景数据的预测和分析能力，仍有待于机器学习技术的发展。

第二，通过人工智能进行智能风控和反欺诈。人工智能与大数据的结合可以构建智能风控体系，通过对用户交易行为、信用状态、社交关系等多维度数据进行综合评判，得出评估结果。目前，已有相当一部分综合类金融机构具备自主的数字技术研发能力，如蚂蚁金服和网易金融，利用用户数据优势促进研发，又将研发成果快速转化为可应用成果，推动金融服务创新化、高效化。

第三，利用人工智能实现线上定制化金融服务。随着消费者行为和偏好的不断变化，以技术驱动的精准营销可以根据消费者的历史记录提供定制化的产品和服务，通过数字化技术增强客户黏性。智慧投顾的出现就是作为在线工具自动分析客户的财务状况，并基于大量资料分析，为客户提供量身定制的建议，还可以管理投资组合，数字化技术正将金融服务拓展到传统富裕阶级以外的群体。相比于劳动替代，人工智能在金融业的应用价值更多体现在改善金融服务的公平性，让更多消费者享受到个性化的金融服务，将普惠金融进一步推广。

（五）医疗健康行业

在人口老龄化加深、优质医疗资源紧缺的社会环境下，医疗健康行业的数字化转型为当下的医疗领域带来了新的发展方向和动力，数字化转型将极大改善我国医疗资源紧张且分配不均的问题，并通过优化医疗技术为人民提供更好的健康服务。

数据显示，2016 年中国医疗人工智能的市场规模达到 96.61 亿元，同比增长 37.9%；2017 年则超过 130 亿元，同比增长 34.56%；而到了 2019 年，这一市场的规模大致达到 310 亿元[①]。国务院印发的《新一代人工智能发展规划》中明确了到 2020 年"人工智能核心产业规模超过 1500 亿元"的目标。[②]而据国际数据公司预测，到 2025 年医疗人工智能行业将占中国人工智能总体市场规模的 1/5。从对就业的影响看，该行业的人工智能应用率约为 13.5%，不过医疗业就业岗位受人工

---

① 数据来源：德勤《全球人工智能发展白皮书》。
② 《国务院关于印发新一代人工智能发展规划的通知》，http://www.gov.cn/zhengce/content/2017-07/20/content_5211996.htm。

智能影响而被替代的概率较低，仅为 10.5%。这意味着到 2035 年，人工智能技术对卫生和社会工作行业就业者的替代规模在 14 万人左右。

数字化转型有助于形成智慧医疗产业链。截至目前，数字化转型基本覆盖了医疗、医药、医院、医保这四大产业链环节，涉及电子病历、医学影像、辅助诊疗、疾病风险预测、药物挖掘、医院平台管理等多项业务，极大地提高了医护人员的工作效率，缓解了医疗资源紧张的问题。以病历管理为例，传统的电子病历录入耗时过长，德信的调研数据显示，50%以上的住院医生每天用于写病历的平均时间达 4 小时以上，[①]而语音录入等数字技术的应用可以大大提升医生的病历录入效率，优化医生的时间分配。

人才的短缺也在制约医疗健康行业数字化转型的进一步深入。具备医学知识的人工智能人才缺乏，复合型、战略性人才尤为短缺，这些都对医疗业人才培养提出了更高的要求。从技术上看，智能医疗需要海量的数据和复杂的训练框架，同时拥有这两个技术实力的企业并不多，在对复杂学科的联合诊断等算法上存在技术瓶颈。

案例 5.5 "腾讯觅影"医疗影像[①]

"腾讯觅影"作为国内 AI+医学领域的标杆，是腾讯医疗影像国家新一代人工智能开放创新平台的中坚力量。

目前，"腾讯觅影"AI 影像已实现从单一病种到多病种的应用扩张，从早期食管癌筛查拓展至肺癌、糖尿病视网膜病变、乳腺癌、结直肠癌、宫颈癌等疾病筛查。其中，最新发布的结直肠肿瘤筛查 AI 系统实现了全球唯一的腺瘤、非腺瘤和腺癌的三分类识别和行业首个肠镜实时视频 AI 检测，实时鉴别腺癌准确率达97.2%。"腾讯觅影"AI 辅诊平台能够辅助医生诊断、预测 700 多种疾病，涵盖了医院门诊 90%的高频诊断。辅诊引擎目前储备了约 50 万个医学术语库，超过20 万个医学标注数据库，超过 100 万个术语关系规则库，超过 1000 万个健康知识库，超过 8000 万个高质量医疗知识库以及超过 1 亿条开放医疗百科数据，涵盖了绝大部分对外公开的权威医学知识库。[①]

（六）教育行业

数字化转型正在推动我国教育信息化的快速发展，虽然目前我国还处于发展期，但人工智能已经可以覆盖教育的全流程，互联网教育的产品链不断扩展，线下、线上教育融合逐步加强。利用语音识别、图像识别等技术，人工智能可以对预先收集好的学习者行为和偏好数据加以分析和预测，形成一份针对性评估报告并生成定制化方案和题库，大大降低了人为定制方案的难度，为教学提供了有效

---

① 数据来源：国金证券 2017 年《人工智能时代：AI 赋能，世界重塑》。

的参考。

目前，我国的教师规模尚不能满足需求，因此人工智能的替代作用相对有限。根据我们的测算，到 2035 年，人工智能在教育行业的应用率约为 18.9%，但其导致的教育行业工作自动化率只有约 10.1%，因此导致教育行业减少的就业岗位数量很少。从具体岗位看，这些被替代的劳动者主要分布在与教育相关的辅助服务岗位，如课程与教务管理、教学辅助人员等，真正从事具体教学工作的教师被替代的可能性依然较小。

目前的教育产品主要发挥教学辅助的作用，并不能完全取代教师的作用。例如，在"教"与"学"这两个环节，个体学习者的学习情况、学习能力不同，自适应课程系统结合人工智能技术将知识点提炼、学习方法归纳等教学重难点利用大数据和算法形成一套高效、标准化的系统课程，针对不同程度学习者适应不同类别课程。而教师的言传身教和本身的影响力也应作为重要的因素考虑到教学成果之中。

教育行业数字化转型的优势在于，通过云计算和人工智能的深度学习，可以实现作业、测评的自动适配和科学评估，通过与开放大数据相结合，将教师从批改作业、书写讲义等基础工作中解放出来，展开针对性教学。与此同时，教育的数字化转型有助于通过标准化教学内容缓解各地区师资队伍的素质差异，特别是缓解偏远地区师资不足等问题，进一步促进教育公平。

（七）政府部门

1. 政府的数字化转型和治理能力现代化

我国经济社会的新常态、新格局对数字政府建设提出了新要求。2019 年末，我国常住人口城镇化率已达 60.60%[①]，城市人口的扩大对政府的政务处理效率和治理能力提出了更高的要求。随着人工智能、大数据、云计算等新技术的应用，政府部门也将进一步向数字化、智慧化方向发展，从技术、应用、政策、产业等多方面推动数字政府建设，对提升国家治理体系和治理能力现代化水平具有重要作用。

政府的数字化建设包括对政务信息化管理架构、业务架构、技术架构的重塑，旨在推进政务数据共享和业务协同，实现跨层级、跨地域、跨系统、跨部门、跨业务的协同管理和公共服务，将现代信息技术融于政府决策、公共服务、监督导向等制度供给，推进国家治理体系和治理能力现代化。

新冠肺炎疫情发生以来，人工智能在政府疫情防控过程中发挥了重要作用，国家"互联网+监管"系统支撑防疫数据共享 330 亿次，疫情溯源预测、密接查询、

---

① 数据来源：国家统计局。

复工复产等大数据分析平台有力支撑了领导决策和疫情精准防控，"数字抗疫"的成功实践显示出推进数字政府建设的良好基础和巨大潜能。

数字政府建设是一项系统工程，涉及技术、应用、制度等问题，需要统筹谋划，协调推进。通过构建"互联网+政务服务"的一体化平台，可以实现电子政务系统在内部互联互通、资源共享的基础上对全社会开展便捷化的公众服务，实现纵横联动、数据融合、专业深入的应用目标。以公安行业为例，面对当前社会日益严峻的维稳、治安、反恐等问题，可以通过建设跨警种的数据融合应用平台，实现各警种数据打通并融合海量社会数据，实现对警务资源数据研判、实时管控、动态预警等功能。

相关研究指出，在公共管理部门，人工智能的替代率较低，约为3%，因此从对政府部分行政人员的影响看，人工智能在政府部门的应用基本不会导致既有劳动力因被替代而失业。相反，电子政务系统和政务机器人的应用，能够将行政人员从固定、重复的工作中解放出来，提升政务效率，专注于提升城市质量，为政府部门智能决策助力。

2. 加快智慧城市建设

我国城镇化进程的不断加快不仅对政府的政务处理能力提出了更高的要求，也对城市经济、资源利用、生活质量、时间成本以及可持续发展等多方面带来不同程度的影响。随着人工智能等前沿技术的融入，城市正在逐步向数字化、智慧化方向发展。

作为人工智能应用场景的综合载体，智慧城市是撬动社会治理专业化、智能化和法治化的支点。数字化转型在带动城市产业发展、转变城市发展模式、推动城市精细化治理等方面具有优势，而且能够在人口、空间、人工智能等方面发挥组合效应，带动政府各部门、城市居民、社会力量共同参与，打造共建共治共享的社会治理格局，更好地实现人民群众对美好生活的向往。

第三节　围绕养老护理行业的实证分析

数字化转型正在深刻地影响着不同行业的就业模式和结构，正如我们在前文中提到的那样，数字化转型在对许多传统职业产生替代的同时，也在创造新岗位和新任务。但对一些传统行业而言，由于其现有就业格局及工作性质的特殊性，人工智能在未来很长一段时间内都无法完全替代人类劳动力。在数字化转型过程中，这些行业还可能出现大量的新增就业需求，甚至在一定程度上能够发挥吸纳其他行业中被人工智能等新技术替代下来的劳动力再就业的作用。在本节中，我们将以养老护理行业为例对此展开实证分析，通过测算人口老龄化趋势下的健康消费和护理需求缺口，揭示此类行业的劳动力需求变化特征与对应就业缺口的可能规模。通过相关分析我们旨在再次强调，数字化转型的冲击不是同质、均一的，而是体现为对不同产业的异质性影响，呈现出对产业升级的结构性挑战。

医疗健康产业中家庭护理的相关职位（如护工），需要大量的人与人之间的沟通交流，强调对被照顾者的关爱。此类职位在文献中已经被证实在短期内不易被人工智能所替代（Autor and Dorn，2013；Frey and Osborne，2017）。在养老护理需求快速增长的同时，家庭护理的供给能力日益受到子女数量跨代际减少的限制，此间的护理工作缺口极有可能使得此类工作成为未来劳动力岗位需求创造的重要增长点。

我们的预测表明，至 2030 年，60 岁以上老人医疗健康的总支出将达到 7.9 万亿元，而 2050 年会接近 10.6 万亿元；到 2030 年和 2050 年，由于"少子老龄化"的趋势，家庭老人照料供给的不足将需要 1075 万个和 3642 万个的全职市场化护工岗位来填补，如果利用机构养老实现规模效应，也对应着 269 万个以及 910 万个的机构化工作岗位。考虑到城乡差距，日常沟通、陪伴等非疾病护理需求的日益增加，上述预测仍然是保守估计。这些工作岗位，应该是未来职位发展的重要增长点。

一、研究背景

老龄化，或人口老龄化，顾名思义指的是一个社会的老龄人口比例较高，从而在人口结构上表现出趋于老龄化的特点。联合国把 65 岁及以上人口定义为老龄人口，而在我国很长一段时间的语境中，60～64 岁人口也习惯被纳入老龄人口的范围内。如果按照联合国对于老龄人口和老龄化社会的定义方式，当一个国家或地区的老龄人口占总人口比例超过 7% 时，这个国家或地区就进入了老龄化。根据过去多次人口普查和抽样调查数据，1982 年我国 65 岁及以上老龄人口仅占总人口的 4.9%；2001 年老龄人口比例超过 7.1%，刚刚进入老龄化社会；2019 年，老龄人口数量已经达到 1.76 亿人，老龄化比例超过 12.5%，老龄化程度进一步加深。

在不考虑战争、疾病等造成人口骤减的因素时，人口老龄化的直接原因在于总和生育率偏低[①]。当总和生育率低于 2.1 的世代交替水平后，新一代出生的人口数量会少于前一代，那么随着时间的推移，老龄人口占比会逐渐提高，从而导致人口老龄化。自 1990 年首次低于 2.1 以来，我国的总和生育率不断走低，老龄人口比例不断增加。需要指出的是，人口老龄化是一个世界现象。受到人口转型等

---

① 总和生育率（total fertility rate，TFR）表示一个国家或地区的女性在育龄期间平均生子女的总数。通常认为世代交替时人口数量保持稳定所需的总和生育率为 2.1。

因素的影响①，20 世纪 70 年代以来各大洲、各经济体的总和生育率普遍呈现出下降趋势，老龄人口比例不断提高。根据世界银行最新人口数据，目前已经步入老龄化的国家共有 13 个，其中绝大部分是经济合作与发展组织（Organization for Economic Co-operation and Development, OECD）国家。

（一）中国人口老龄化的特点

与其他步入老龄化社会的国家或经济体相比，我国的老龄化有三个主要特点。

首先，老龄人口总量大。2019 年全国 65 岁及以上人口数量超过 1.76 亿人，占总人口比例达到 12.57%，老龄人口绝对数量超过了全球人口排名第八的孟加拉国的总人口数（约 1.66 亿人）。考虑到庞大的人口基数，老龄化比例每增加一个百分点，就意味着老龄人口绝对数量增加近 1400 万人。

其次，老龄化速度较快。按照联合国对于老龄化程度的划分标准，当老龄化比例达到 7% 时，这一国家或经济体正好进入老龄化社会；如果老龄化比例升高到 14%，那么将达到深度老龄化社会；若老龄化程度进一步加深，比例超过 21%，则进入超老龄化社会。根据联合国人口司的预测，发展中国家未来老龄化的进程将明显快于发达国家。尤其是我国，预计 2025 年就会进入深度老龄化社会，距离 2001 年刚刚进入老龄化社会仅用了 25 年，相比之下，美国和英国完成这一过程分别用了 70 年和 45 年，同属于发展中国家的印度也用了 30 年。利用目前的总和生育率做推算，我国极有可能是世界上从深度老龄化社会到超老龄化社会所用时间最短的国家，预计 2035 年就会步入超老龄化社会。

最后，"未富先老"。2019 年我国的人均 GDP 约为 1.02 万美元，还未达到同期世界平均水平 1.14 万美元，约为同期美国的 1/6，总体距离世界发达国家还有不小的距离。如果结合老龄化水平做比较，可以看到我国的老龄化速度比经济发展速度更快，呈现出"未富先老"的特点。2019 年我国 65 岁及以上老年人口占比超过 12.5%。若与其他国家进行比较，当人均 GDP 接近时，韩国、巴西、马来西亚的 65 岁及以上老年人口占比仅为 5.8%（1994 年）、6.8%（2010 年）、5.1%（2011 年）；而当老龄化程度相同时，日本、韩国、美国的人均 GDP 已经达到了 28 925 美元（1991 年）、29 250 美元（2014 年）、32 854 美元（1998 年），②接近我国人均 GDP 的三倍。尽管我国在过去 40 多年保持了持续稳定的经济增长速度，但是社会步入老龄化的速度更快，进程远远快于同等发展水平的其他国家，这对我国应对老龄化伴随的社会经济问题提出了巨大挑战。

---

① 人口转型（demographic transition）指一个国家或经济体在工业化过程中经常伴随出现的总和生育率下降的现象。

② 数据来源：世界银行。

（二）养老需求与社会负担

老龄化意味着老年人口比例增加，社会养老需求扩大。图 5.8 展示了联合国对于 2015～2050 年中国 60～69 岁、70～79 岁、80～89 岁年龄段的人口数量预测。未来我国 60～89 岁老龄人口总量持续走高，预计到 2030 年老龄人口总数达到 3.58 亿人，到 2050 年这一数字进一步扩大到 4.68 亿人。其中 60～69 岁群体将在 2035 年达到峰值 2.22 亿人，70～79 岁群体将在 2045 年达到峰值 1.77 亿人，80～89 岁群体数量持续增加。

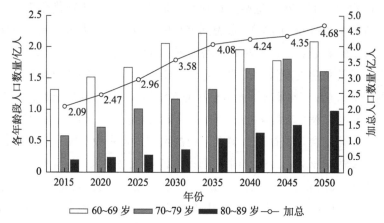

图 5.8　我国 60～69 岁、70～79 岁、80～89 岁人口数量预测

资料来源：World Population Prospects 2019

左边纵轴对应各年龄段人口数量，右边纵轴对应折线图 60 岁及以上总人口数量

社会抚养比常常被用来衡量一个国家或经济体的总体抚养负担。社会抚养比定义为 0～15 岁和 65 岁及以上的非劳动力人口与 16～64 岁劳动力人口的比例，从数量上刻画了非劳动力人口相对于劳动力人口产生的抚养负担。总抚养比还可以分解成 15 岁及以下的少年抚养比和 65 岁及以上的老年抚养比两部分。从全国来看，图 5.9（a）展示了我国社会抚养比的时间趋势，包含了 1950 年以来的实际数据以及对未来的预测。数据显示我国总抚养比呈现先下降、后上升的 U 字形趋势。其中 2015 年是一个重要拐点，2015 年之后，20 世纪 50～60 年代出生的人口开始逐渐退出劳动力市场，之后进入劳动力市场的大多为 80 后和 90 后，新增劳动力供给快速减少，老年抚养比开始大幅增加，社会总体抚养负担开始加重。预计到 2055 年，总抚养比会回到 1970 年的峰值（约 80%），同时老年抚养比维持在 70% 的高位。根据世界银行的数据，2019 年 OECD 国家、高收入国家、中高收入国家的总体抚养比依次为 54%、54%、45%，老年抚养比依次为 26%、28%、15%，考虑到我国目前的经济发展水平，与其他国家相比，我国未来面临的养老压力无疑是巨大的。

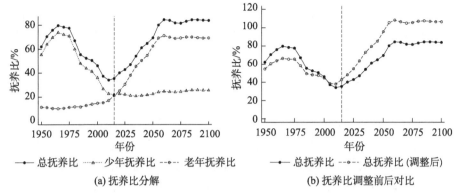

图 5.9 我国抚养比变化趋势预测：2015~2100 年

资料来源：王辉和杨卿栩（2019）

如果进一步考虑 0~15 岁人口和 65 岁及以上人口在消费需求上的异质性，即考虑到少年人口与老年人口在实际非医疗支出、公共教育支出、医疗保障三个方面消费高低的差异，利用微观消费数据的估计发现，0~19 岁人口的消费支出仅占 20~64 岁人口的 72%，65 岁及以上人口的消费支出则是 20~64 岁人口的 127%（Cutler et al.，1990）。这意味着对于步入人口老龄化社会的经济体来说，实际的抚养负担会比人口数据所反映出的抚养比更高。图 5.9（b）展示了利用消费数据调整后的抚养比时间趋势，与不调整时相比，未来我国老龄化产生的抚养压力会更高，预计到 2050 年后总抚养比将超过 100%。

对于社会养老而言，核心是社会养老金是否充裕。目前我国采用社会统筹与个人账户结合的筹资方式，整体的运作模式是使用当期劳动力缴纳的养老保险来支付已退休群体的养老金。2018 年，为了应对部分地区养老金不足的问题，我国开始全面实施养老金中央调剂制度，希望利用统筹规划来缓解部分省份养老金亏空问题。根据人力资源和社会保障部发布的《中国社会保险发展年度报告 2016》，共有黑龙江、辽宁、河北、吉林、内蒙古、湖北、青海等 7 个省区的养老金账户当年入不敷出。其中，受低生育率和人口净流出等因素的影响，黑龙江养老金账户累计结余亏空 232 亿元，无法依靠自身财政能力维持养老金的正常发放。此外，河南、广西、江西、海南、内蒙古、湖北、陕西、天津、河北、辽宁、吉林、青海、新疆生产建设兵团和黑龙江等 14 个地区的养老金账户可支付月数不足 1 年。倘若扣除中央的财政补贴和转移支付，全国将会有 20 多个省区市出现当年收不抵支的问题。未来伴随着老龄化程度的进一步加深，社会养老余额不足的问题会更加严重。

（三）养老需求与家庭负担

当前老年人的照料护理服务主要来源于家庭护理以及社会护理两个途径。我们在前文所谈的老年抚养比，主要反映了一个社会宏观范围内价值创造人群与退休老年人群之间的比例关系，更多体现了社会抚养负担。在老年抚养比不断增加、养老金系统压力不断增大的背景下，家庭成员对于老年人群的供养，在可预见的将来应该是养老赡养的主要渠道。正因如此，"十四五"规划中提到要实施积极应对人口老龄化国家战略，"支持家庭承担养老功能，构建居家社区机构相协调、医养康养相结合的养老服务体系"[①]。养老不仅代表满足老人基本温饱食宿的硬性需求，更包含了亲情、陪伴等软性需求，因此，家庭养老具有不可替代性。

但是，也应该看到，由于生育率的降低，未来"少子老龄化"是不可避免的趋势。图 5.10 展示了利用 2015 年全国 1%人口抽样调查和 2010 年全国人口普查数据预测的未来我国 60 岁及以上女性平均养育的孩子数量。随着时间的推移，高年龄段女性平均养育数量从 2015 年的 2.35 逐渐下降到 2050 年的 1.27。从数量上来说，家庭内可提供的抚养供给将逐渐减少，未来家庭内养老压力不断增加。

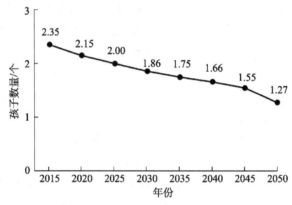

图 5.10　我国 60 岁及以上女性平均养育孩子数量（2015～2050 年）
资料来源：2015 年全国 1%人口抽样调查、2010 年全国人口普查

鉴于上述讨论，参考老年抚养比的概念，我们构造了一个家庭抚养比指数，客观反映在家庭养老作为主导的当代社会，随着人口老龄化的不断深化，家庭所承载的养老负担不断加重的情况。举例来说，80 后是独生子女政策影响下出生的第一个代际，其父母大多为 50 后或者 60 后，自 2010 年开始陆续退休。对于典型的 80 后职工来说，其家庭结构为 4-2-1，其中 4 代表夫妻双方的父母，2 代表 80 后的夫妇，1 代表他们的独生子女后代，此时这个家庭的老年抚养比将达到 200%。[②]

图 5.11 展示了我国家庭养老抚养比预测。与图 5.9 中的全社会老年抚养比类似，到 2050 年这一指数会比 2015 年增加将近一倍；另外，图 5.11 中的数值大小在任意给定年份都是图 5.9 的两倍，因此在家庭供养为主的安排下，一般意义上

①《中华人民共和国国民经济和社会发展第十四个五年规划和 2035 年远景目标纲要》，http://www.gov.cn/xinwen/2021-03/13/content_5592681.htm?pc。

② 家庭总抚养比（包括未成年人后代）为 250%。

的社会老年抚养比指数会显著低估实际的家庭抚养负担。这也体现了我们从微观数据入手探究老人实际护理需求以及家庭实际供给能力差异的重要性。

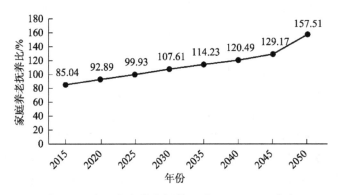

图 5.11 我国家庭养老抚养比（2015～2050 年）

资料来源：2015 年全国 1%人口抽样调查、2010 年全国人口普查

（四）智慧养老的展望

随着人工智能技术的深入发展，特别是近些年深度学习等技术的突破，机器人能够完成的任务越来越多，越来越复杂。对于我国面临的"少子老龄化"挑战，技术的进步是否能够帮助填补未来养老护理的缺口？

要想回答这一问题，首先要了解目前人工智能的发展状况以及在不同行业、不同工种中对劳动力的替代情况。许多劳动经济学文献认为，科技的发展加速了工作自动化趋势，将有大量劳动力被自动化设施替代（Brynjolfsson and McAfee，2014；Autor，2015）。Karabarbounis 和 Neiman（2014）以及 Oberfield 和 Raval（2021）的研究发现，近年来美国的劳动回报在国民总产出中的份额以及就业占总人口的比例均在下降，他们认为这是由于人工智能、数字科技、机器人等技术深入发展并进入劳动领域，而工人们很难与之竞争，因此就业量及均衡工资都在下降。当然，也有文献认为人工智能的发展在替代部分劳动力的同时，还会创造新的工作岗位，增加对技术互补劳动力的需求（Autor and Dorn，2013；Acemoglu and Restrepo，2018b）。Autor 和 Dorn（2013）发现美国过去 20～30 年中，劳动力需求的增长与劳动力需要具备的技术水平之间呈现"U"形关系，高技术劳动力的需求与工资大幅增长，低技术劳动力的需求也在增长，后者的增长可能与人工智能发展带来的技术互补性服务劳动需求增长有关。

最新的一系列文献在讨论人工智能对于劳动力替代的现象时，不再局限于行业或者工作层面，而是将工作岗位进一步分解为不同任务。人工智能对于工作的替代实质上是对于细分任务的替代：当一项工作所涉及的大部分任务都可被人工智能替代时，则该工作需求的劳动力被人工智能完全替代的可能性大，此时人工智能与该工作更多的是替代关系；当一些工作的部分任务由人工智能接手后，劳动力反而能够更加关注于人工智能无法替代的任务，从而提高了劳动效率，此时人工智能与该工作更多的是相互赋能的关系。Brynjolfsson 和 Mitchell（2017）认为高度标准化和重复性较强的任务会被人工智能替代，并在文中给出了 8 项判断标准。他们同样认为处于中间技术水平的劳动需求（如店员、工厂劳工等）被人工智能替代的可能性很大；而处于技术水平两端的劳动需求，即高端的、需要创造力的职业，如科学家，以及技术含量不高但需要情感交流的职业，如看管人、家庭护理等，在短时间内则不易被人工智能所替代。

就目前的技术发展而言，在老年人护理领域，人工智能可以完成的任务主要是基于物联网技术提供自动监控功能，比如监控老人是否摔跤或者出现异常、帮助老人取物等，并可以进一步提供呼叫医护、呼叫子女或者要求其他上门服务等功能。除此以外，基于人工智能技术可以开发出老年辅助机器人等产品，如智能轮椅、智能假肢等。此类产品已经比较成熟，能够较好地胜任物理性辅助性工作（Broekens et al.，2009）。

但是，对于老年人的护理，上述内容与功能是远远不够的。《中国城乡老年人生活状况报告》指出，老年人护理领域的任务包括上门看病服务、上门做家务服务、康复护理服务、心理咨询/聊天解闷服务、健康教育服务、助浴服务等。大部分任务都是非结构化、非标准化的服务，需要的是情感的陪伴与沟通，短期内人工智能都无法胜任这些任务。以目前的人机对话领域为例，机器人最多只能跟人进行 3 轮左右的对话，而且内容仅限特定的语境及功能，如智能客服等，远不能达到护理所需的基本要求。

另外，现阶段很多老年人没有子女陪护在身边，一方面是因为计划生育和人们生育意愿内生变化导致的子女数量减少；另一方面是因为社会人口的流动，劳动力跨市、跨省流动增加（范剑勇等，2004；李旻和赵连阁，2010），越来越多的子女与父母的物理距离增加。即便基于物联网技术可以更好地监控老人的健康状况与生活起居，遇到特殊情况，子女仍然无法第一时间做出反应。

因此，在养老需求不断增加，家庭供给越来越受到子女数量减少、子女与父母居住距离增加等因素限制时，可预见的技术进步并不能有效填补未来养老护理的缺口与空白。在这个意义上，专业化的家庭护工、市场化的护理机构，都是我国未来老龄化背景下，职业增长的重要需求点。在下面的分析中，我们会给予微观数据以及人口预期，对这些工作岗位的需求数量给出预测与估计。

二、我国养老市场供需的实证分析

（一）数据与变量构造

我们基于中国健康与养老追踪调查（China health and retirement longitudinal

study，CHARLS）和 CFPS 两个数据库的数据，构建了一个生命周期的消费模式以及老年人对照料的需求。CHARLS 拥有非常权威的关于 45 岁以上中老年人的高质量微观数据，而 CFPS 则为我们提供了各个年龄段人群的消费情况，有助于我们构建成年后整个生命周期的消费途径。

由于两个数据库的结构和特点有所不同，我们在处理数据时的方式也有所差异。对于 CHARLS 数据，家庭各项支出的统计仅限于共同生活的家人，所以我们没有对家庭人数规模做出限制。对于食品类的支出，我们将其按照在家庭中共同吃饭的人进行平均；对于教育类支出，我们将其归为孩子的教育消费；对于其他类支出，若调查对象处于结婚或同居阶段，那我们将其除以 2；若调查对象处于离异、丧偶、未婚、分居等阶段，我们直接将其消费记为个人消费。样本所处的年龄阶段根据调查对象本身的年龄划分。由于我们关注的是个人自身的消费，所以在计算中不考虑对其他人的经济援助和捐款等行为。对于按周统计的消费项目（如食品支出），将其乘以 52；按月统计的消费项目（如水电费），将其乘以 12。最终将所有消费加总，我们就得到了个体全年总消费的估计。

CFPS 中关于家庭消费的数据则是在调查界定上属于一家人的所有人的消费总数，包括已经离家的孩子等。由于样本的家庭结构复杂，当家庭人数过多时，调查得到的消费数据不易按照单个家庭成员进行划分。因此，我们将研究局限在家庭人数在 4 人及以下的家庭。其他相关数据处理的方式和原则，与处理 CHARLS 数据的方式相同。

在 CHARLS 中有关于老年人日常生活照料的详细信息，包括为老年人提供照料的人数、每个人每月提供照料的时间等，我们可以根据这些信息计算出各个年龄阶段的老年人对于日常照料的需求。与此同时，利用 CHARLS 数据，我们还可以辨别出老年人对提供照料服务的人是否支付费用，并以此为依据将老年人对日常照料的需求分为两个部分：支付费用的雇工照料部分，不支付费用的家人亲属照料部分。受限于其问卷设计的调查方式，CHARLS 数据没有具有代表性的机构养老信息[1]。

CHARLS 和 CFPS 均为面板数据，但面板的时间跨度不够。在下面的初步分析中，我们使用的是两个数据库中 2015 年的数据，对该年调查中各个年龄阶段的人的消费及对照料的需求进行统计。为了预测未来中国养老市场的总需求增加的幅度，我们假定各个年龄阶段的老年人对日常照料的需求不发生改变，仅考虑人口结构的变化。当然，如果想要做进一步的细化分析，可以利用两个数据库的跨年变化来推断不同年龄段的需求变化趋势，从而使我们的预测更加合理准确。

---

[1] CHARLS 按照家庭住址进行随机抽样，若样本已去养老院则无法被跟踪。

（二）统计结果

1. 消费需求

利用 CHARLS 与 CFPS 数据均可以计算 45 岁以上人群的个体平均年消费总额，分年龄段的结果汇报在表 5.3 中。可以看到，两个数据库的结果和随年龄变化的趋势较为相似。

表 5.3　45 岁以上分年龄段人均年消费总额（单位：元）

年龄段	CHARLS		CFPS	
	年总消费	样本量	年总消费	样本量
45～54 岁	23 157	2 645	19 291	4 579
55～64 岁	18 895	2 442	16 482	2 969
65～74 岁	16 344	1 714	14 386	2 208
75～84 岁	16 815	595	17 318	1 022

资料来源：CHARLS、CFPS

由于 CFPS 数据包括各个年龄阶段的人，所以可以得到更多的有关个人消费跨时间变化的信息。我们将每个年龄作为一个数据点，统计处于该年龄组的人的平均年消费总额，并用二次曲线拟合，呈现的趋势如图 5.12 所示。我们发现，随着年龄的增加，年消费呈现下降趋势，但当年龄达到 70 岁后，年消费量又有所上升。

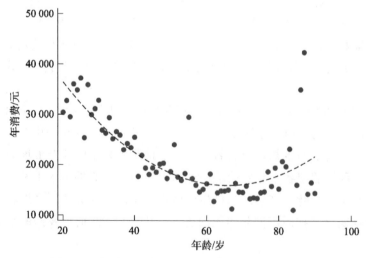

图 5.12　年消费随年龄变化趋势及其二次拟合曲线
资料来源：CHARLS

为了理解上述变化趋势的原因，我们将消费分为日常生活支出、休闲娱乐支出、医疗支出和保健支出四大类，分别统计其随年龄的变化情况。其中，日常生活支出包括伙食费、水电费、日用品支出、交通费、衣着支出等；休闲娱乐支出包括旅游支出、看电影消费等；医疗支出是不包括医保报销部分的个人直接支出的医疗费用；保健支出包括个人购买保健和美容等服务的费用。所得到的结果如图 5.13 所示。

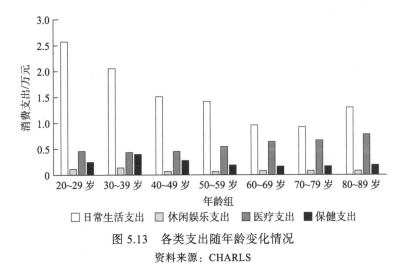

图 5.13　各类支出随年龄变化情况
资料来源：CHARLS

从以上结果可以看出，随着年龄的增加，总消费的减少主要来自日常消费部分的减少。这是因为随着年龄的增长，人们的社交需求也会减少，与之对应的外出就餐、交通、着装、通信等费用也会相应减少。步入 50 岁以后，医疗支出显著上升，80 岁后日常生活支出也呈现上升趋势，这可能是由于身体状况下降使其对日常生活质量的需求提升，两者的共同作用使得 70 岁之后的总消费有所增加。

2. 照料需求

表 5.4 报告了从 CHARLS 数据中计算的分年龄阶段的每月每人受照料的小时数。可以看到，随着年龄的增加，对照料的需求急剧上升。60 ~ 69 岁的老人每月需要的照料总时间是 25.5 小时，70 ~ 79 岁的老人是 44.7 小时，80 ~ 89 岁则达到了 128.6 小时。而对于每个老年人来说，为其提供照料的人数也随着年龄的增加而增加。对于 60 ~ 69 岁的老人，平均每个人接受来自 0.30 个人的照料，70 ~ 79 岁的老人是 0.48 人，80 ~ 89 岁则是 0.94 人。利用护工照料的老人占比很低，仅占 4.7%，这说明此类市场化服务空间尚未开发，当前养老照料主要依靠家人和亲属。

表 5.4　各年龄阶段老年人每月所需他人照料时间

年龄阶段	样本量	每人每月照料需求小时数/小时		
		总需求	家人照料	护工照料
60~69 岁	3826	25.5	24.8	0.7
70~79 岁	1990	44.7	43.4	1.3
80~89 岁	653	128.6	117.9	10.7

资料来源：CHARLS

　　给定上述特点，一个自然的推论是，当家里的孩子数量变少时，老人所能得到的照料必然会受到供给侧的限制。图 5.14 利用 CHARLS 数据计算了独生子女家庭和非独生子女家庭中的老人每月接受照料的平均小时数。在 2015 年，户主为 60~90 岁的家庭中，有 20.6% 是独生子女家庭。在各个年龄段中，独生子女家庭的老人被照料的时间均小于非独生子女家庭。这反映了在目前仍以家庭养老为主的中国社会中，独生子女家庭对老人的照料存在着较为严重的供给不足。

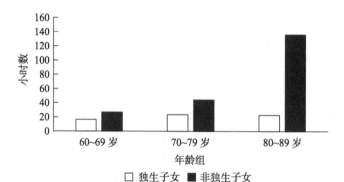

图 5.14　各类家庭中的老人平均每月接受照料小时数
资料来源：CHARLS

三、我国养老市场供需缺口预测

　　根据世界银行的预测[①]，按照目前中国的低生育率趋势，到 2050 年，中国的总人口会减少到 13.23 亿人，但伴随着老龄化趋势，老年人口会增加，60~90 岁的人口会从 2015 年的 2.13 亿人增加到 4.63 亿人。表 5.5 依据前文的实证分析结果，总结了分年龄段老年人的医疗支出信息以及家庭照料信息。在这一部分中，我们将基于这些信息，结合人口的变化趋势做出相应的预测。

---

　　① 数据来源：https://www.un.org/development/desa/publications/world-population-prospects-the-2017-revision.html。

表 5.5　不同年龄段养老照料

年份	项目	60～69 岁	70～79 岁	80～89 岁
2015	人口/亿人	1.32	0.60	0.21
	人均医疗健康支出/（元/年）	6371	6680	7823
	人均照料时长/（小时/月）	25.5	44.7	128.7
	人均护工照料时长/（小时/月）	0.7	1.3	10.7
	人均家人照料时长（/小时/月）	24.8	43.4	117.9
2050	人口/亿人	2.10	1.58	0.95

资料来源：CHARLS（2015）、世界银行人口预测（2050）

（一）医疗健康产业需求预测

我们首先假定 2021～2050 年各个年龄阶段的老年人的医疗健康需求与 2015 年保持一致。图 5.15 利用世界银行的人口预测数据，推算出了未来中国老龄人口的医疗健康支出体量。结果显示，60 岁以上的老年人群体的医疗健康支出将从 2015 年的约 1.38 万亿元增加到 2030 年的约 2.37 万亿元，年均增速为 3.68%；2050 年将达到 3.18 万亿元，约为 2015 年的 2.3 倍。需要注意的是，CHARLS 数据收集的医疗健康支出仅为个人支出部分，更大的部分则由医保承担。如果假设医保的平均负担比例为 70%，则 2030 年医疗健康的总支出将达到 7.9 万亿元，而 2050 年会接近 10.6 万亿元。

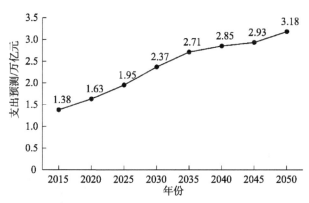

图 5.15　老年人医疗健康支出预测
资料来源：课题组的计算

（二）养老护理服务岗位预测

假设未来各个年龄阶段的老年人对日常照料时间的需求与 2015 年保持一致。根据表 5.5 中的信息，我们预测到 2050 年，60～89 岁的老年人对日常照料的总需求将会是 2015 年的 2.83 倍，达到每月 246.44 亿小时（2015 年为每月 87.08 亿小时）。假设每名护理人员每天提供 8 小时照料服务，每个月工作 20 天，上述的结果等价于 1.54 亿个全职岗位。

需要指出的是，基于 2015 年的调查数据，老龄人口主要的照料工作是由家庭成员提供的，三个年龄段群体的家庭照料时长占比分别达到 97.25%、97.07% 和 91.61%。因此，上述结果主要反映的是如果利用家庭成员或亲属提供照料，并维持 2015 年时老人得到的平均照料水平，所需要的全职劳动力数目。

正如我们在前文所论述的那样，在我国"少子老龄化"、独生子女家庭比例不断上升的背景之下，未来子女能否有足够的时间亲自照料老人成为一个很大的问题。换言之，目前主要依靠家庭成员进行养老照料的模式在未来很难持续，总养老需求将无法得到满足。根据 CHARLS 数据中 2015 年独生子女家庭占全部家庭数的比例计算，到 2050 年，60~90 岁的老年人家庭中有 55.59% 为独生子女家庭，此比例远大于 2015 年的数字（20.70%）。

基于图 5.16 呈现的家庭结构预期，结合图 5.14 中报告的独生子女和非独生子女两类家庭的照料供给小时数，我们估计了 2020~2050 年家庭照料所能提供的照料时长总数[①]。图 5.17 展示了未来我国家庭照料总需求和家庭供给的变化趋势。

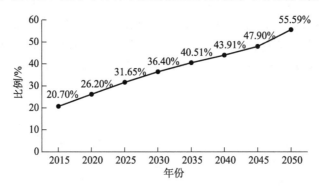

图 5.16　户主 60 岁以上家庭中独生子女家庭比例预测

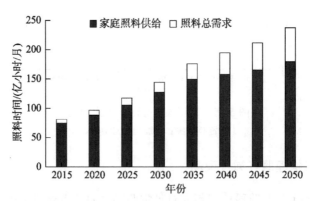

图 5.17　我国老年人照料总需求和家庭照料供给预测（2015~2050 年）

资料来源：CHARLS、2015 年全国 1% 人口抽样调查、2010 年人口普查

[①] 由于未婚、丁克家庭总体占比较低，计算时我们把这两类群体与独生子女家庭作合并处理。

尽管总供给在总体趋势上保持增长，但是与总需求相比增速明显不足，家庭养老缺口逐年增大。具体来说，预计我国家庭照料总供给在 2030 年和 2050 年分别约为每月 127 亿小时和 179 亿小时，但是同期总需求将达到每月约 144 亿小时和 237 亿小时，缺口分别为 11.9% 和 24.5%。

为了直观地理解这一缺口，表 5.6 报告了 2015~2050 年总需求缺口所对应的护工数量。2030 年和 2050 年预计会产生每月 17.21 亿小时和 58.29 亿小时的需求缺口，可以换算成 1075 万个和 3642 万个全职养老护工需求，这部分缺口需要通过市场化运作来满足，因此，可以预计，未来社会对于这类岗位的需求极大。考虑到在市场化的运作方式（如养老院）下，老人的照料可能会具有规模效应。

表 5.6　60 岁以上养老照料护工岗位缺口预期

项目	2015 年	2025 年	2030 年	2035 年	2050 年
总需求缺口/（亿小时/月）	6.52	12.21	17.21	26.16	58.29
全职养老职工/万个	407	763	1075	1634	3642
养老机构护工/万个	102	191	269	409	910

资料来源：CHARLS、2015 年全国 1% 人口抽样调查、2010 年全国人口普查

对于老人的照料不必以 1∶1 的比例进行。张敏（2016）对于福建养老院的研究发现，养老院每名护工至少可以照顾 4 名老人。以此为依据，1075 万个和 3642 万个的全职护理需求对应着约 269 万个和 910 万个的机构化护工岗位。这些护工岗位需要大量的人与人之间的沟通、交流与关爱，几乎很难被人工智能技术所替代，是我国在面临严峻的老龄化趋势下，所需要创造的新的劳动岗位。

四、进一步讨论

我们在前文中给出的养老需求与供给缺口的预期，是基于一系列假设进行计算的。本部分会逐一讨论这些假设，从结果来看，进一步放松这些假设只能导致缺口的进一步扩大，因此我们给出的结果仍然是保守估计。

（一）对疾病护理的需求

我们估计的假设之一是"维持 2015 年人均照料水平不变"。然而，由于慢病比例增加、子女数量减少等原因，老龄人口的人均照料需求有可能会随时间进一步增加。根据《2019 年中国城乡老年人生活状况报告》，2015 年我国城乡老年人自报需要照护服务的比例为 15.3%，相较于 2010 年的 13.7% 上升了 1.6 个百分点，相较于 2000 年的 6% 上升了 9.3 个百分点。老年人对于照料的需求在五年间增长了约 0.1 倍，且未来仍可能存在这种增长趋势。这可能导致我们估计出的照料缺口被低估，除此以外，还需要考虑越来越大比例的老年人需要照料服务。

（二）对沟通与交往的需求

在以上的计算与分析中，我们只考虑了老年人在生活部分无法自理的情况下对于照料的需求。然而，老年人的需求并不局限于对生活的照料，还有与子女进行沟通和交往的需求。我们使用 CHARLS 数据分析了不与子女同住的老年人每月获得子女探望的频率与幸福感之间的关系，结果如图 5.18 所示。子女探望频率越高，老年人的幸福感越高，这表明老年人确实存在与子女进行互动交往的需求。在 CHARLS 调查中，以 1～4 中的整数来衡量老人的幸福感，其中 1 代表幸福感最低，4 代表最高。当子女每月探望次数小于一次时，老年人的平均幸福感只有 2.7 分；当子女的探望频率达到 5 次以上时，老年人的平均幸福感达到了 2.9 分以上。

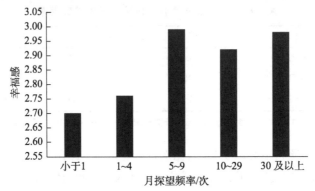

图 5.18   幸福感与子女月探望频率的关系
资料来源：CHARLS

同时，我们也发现，子女数量和子女探望的月频率存在正相关关系，即子女数量越多时，老年人每月获得子女探望的次数越多，如图 5.19 所示。如果老年人和子女不居住在一起，独生子女家庭的老年人平均每月获得的子女探望次数只有9.75 次，而对于有 5 个及以上子女的老年人，其平均每月获得的子女探望的次数达到了 40 次。

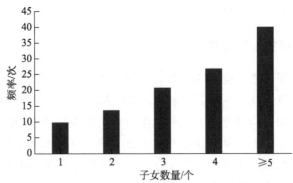

图 5.19   子女数量与子女月探望频率的关系
资料来源：CHARLS

随着生育率的降低，可能会出现更多独生子女家庭。由于子女数量的降低，老年人与子女的沟通和交往需求也会更难以被满足。在前文的研究中，我们并没有考虑这部分需求缺口，而这些互动交往的需求，需要子女或其他人亲力亲为，也是人工智能无法替代的。

（三）来自子女和兄弟姐妹的照料供给

随着生育率的降低，每个家庭的平均孩子数量也在减少，出现了越来越多的独生子女家庭。这部分独生子女家庭的老人所能获得的来自子女的照料十分有限，这又会带来一个供给的缺口。

另外，老人获得来自家人的照料也并非全由其子女提供，还有很大一部分是由其兄弟姐妹提供的。当独生子女步入老年之后，将会缺失这一部分来自兄弟姐妹的照料，从而产生新的缺口。

（四）老年人照料供给结构的城乡差异

表5.7和表5.8分别报告了农村和城市各年龄阶段老年人每月所需他人照料的时间。尽管农村和城市样本在总需求上的差异并不显著，但农村老年人接受的照料中来自护工照料的比例非常小，这表明农村地区的护工市场仍然欠发达。由于农村护工的缺失，人口老龄化问题带来的对老年人照料的缺口在农村地区将更难以被填补。

表 5.7　农村各年龄阶段老年人每月所需他人照料时间

年龄阶段	样本量	每人每月照料需求小时数/小时		
		总需求	家人照料	护工照料
60～69 岁	2687	28.7	28.3	0.4
70～79 岁	1404	50.7	49.8	0.9
80～89 岁	475	120.2	120.1	0.1

资料来源：CHARLS

表 5.8　城市各年龄阶段老年人每月所需他人照料时间

年龄阶段	样本量	每人每月照料需求小时数/小时		
		总需求	家人照料	护工照料
60～69 岁	1129	27.9	26.2	1.7
70～79 岁	578	30.5	28.4	2.1
80～89 岁	172	150.6	114.3	36.3

资料来源：CHARLS

与此同时，随着人口老龄化问题的发展，空巢老人问题也更加严重和紧迫，而这些空巢老人又以农村老年人居多。在护工市场缺失和空巢老人问题深化的背景下，如何满足农村地区老年人对于照料的需求，俨然是一个严峻的挑战。此外，根据《2019 年中国城乡老年人生活状况报告》，农村地区老年人对照料需求的增长速度大于城市的增长速度。2000 年农村和城市地区老年人自报需要照护的比例分别为 8.0% 和 6.2%，2015 年这一比例已经变为了 16.5% 和 14.2%。考虑到农村滞后于城市的护工市场，这一问题将更难以被解决。

（五）短期内政策干预无法改变老龄化进程

1. 放开生育限制

2015 年 12 月 27 日，第十二届全国人民代表大会常务委员会审议并通过了《中华人民共和国人口与计划生育法修正案（草案）》[①]，标志着我国的二孩生育限制开始放开，之后各地纷纷出台了相应的配套支持政策。然而放开二孩政策显然没有达到提振出生率的目标，国家卫生和计划生育委员会曾预测 2017 年出生人口数最低为 2023.2 万人，但是数据显示，当年出生人口数实际仅为 1723 万人，甚至比 2016 年还减少了 63 万人。根据公安部新生儿登记数量，2020 年出生登记人口数仅有 1003.5 万人，与 2019 年的 1465 万人相比出现了断崖式下跌。这反映出即便在政策上放开二孩，人们的生育意愿仍然处于较低水平。Wang 等（2017）梳理了已有文献分析的放开二孩后中国生育率变化趋势的几种可能性，发现即使在最理想的情况（使得总和生育率提高 0.7）下，放开二孩也只能使中国进入"超老龄化"社会的时间点推迟 2～3 年。这一结果并不难理解，考虑到未来 20 年后的老年人数量已经确定，现在出生的新生儿 20 年后才会进入劳动力市场，对于未来老年劳动力的补充作用较小。2021 年 8 月 20 日，全国人大常委会会议表决通过了相关决定，正式将一对夫妻可以生育三个子女写入人口与计划生育法，进一步显示了国家通过放开生育限制政策缓解人口老龄化问题的决心。但在上述分析的基础上，可以预期单纯放开生育限制的政策效果可能较为有限。

2. 延迟退休政策

2021 年 3 月通过的《中华人民共和国国民经济和社会发展第十四个五年规划和 2035 年远景目标纲要》明确提出了延迟退休的实施思路。规划要求，在"十四五"时期按照"小步调整、弹性实施、分类推进、统筹兼顾"的原则，逐步延迟法定退休年龄。目前，延迟退休制度已在老龄化国家中得到了广泛应用，比如 2010 年法国和德国分别将法定退休年龄从 60 岁和 65 岁提高到 62 岁和 67 岁。

---

① 《全国人民代表大会法律委员会关于〈中华人民共和国人口与计划生育法修正案（草案）〉审议结果的报告》，https://www.pkulaw.com/protocol/93aafa42c4b758d7b066b37ceb9f0b3abdfb.html。

给定我国劳动者目前的平均实际退休年限约为 57 岁,而人均预期寿命在 2019 年即已达到 77.3 岁,法定退休年龄的提高具备相当的空间。然而,延迟退休政策的具体实施效果还需要考虑诸多现实因素的影响。首先,需要充分认识到延迟退休在一定程度上有助于缓解劳动力短缺的燃眉之急,但无法逆转由低生育率带来的人口结构老龄化趋势。在短期内,延迟退休政策扩大了劳动力市场上的供给,推迟了老龄化对劳动力供给的负面冲击;但从长期来看,由于生育率没有发生根本变化,老龄化的影响终将到来。其次,给定"十四五"规划所明确提出的上述原则,延迟退休政策的实施不会搞"一刀切""齐步走",而必将是一个渐进和逐步的改革过程。这样的平稳衔接充分地考虑了我国的现实国情、文化传统和历史沿革,也最大限度地尊重了劳动者的个人权益;与此同时,也不可避免地带来了一段不可忽视的过渡期,在一定程度上制约了延迟退休政策效果的及时性和有效性。总之,对于延迟退休政策在劳动力供给特别是养老护理缺口问题上的效果,仍须持较为审慎的态度。

综上所述,给定老人护理需求的重点年龄段是 70 岁以上,相应的家庭供给子女年龄段应该在 40 岁以上,无论是延迟退休年龄,还是提高生育率,在未来 30 年内都无法显著影响我们估计的养老护理缺口的结果。

执笔人:孟涓涓、王辉、诸宇灵、张妍、王子琳

第《六》章

数字化转型下的中等收入群体变化预测

在我国长期经济转型压力的牵引下，加速产业的数字化、网络化、智能化转型已是必然趋势。作为国家重要战略发展至今，不同产业的数字化转型正在不断深入，并逐步重塑就业市场格局，进而对中等收入群体产生影响。

为了更好地理解数字化转型对中等收入群体的深刻影响，本章首先讨论了数字化转型的一个代表性特征——工业机器人目前在不同类型企业中的应用情况及其影响因素。之后我们基于学者和行业专家关于人工智能和机器人应用前景的估计，结合我们在前文中利用人口普查数据形成的关于中等收入群体在行业、区域、年龄层、教育上的结构分析，进一步测算我国中等收入群体规模在 2025 年、2030 年、2035 年三个关键时间点上将如何受到人工智能和工业机器人为代表的数字化转型的影响。

第一节　工业机器人使用及其影响因素

本节研究基于武汉大学质量研究院的 CEES 数据，考察了中国制造业企业机器人使用的影响因素。

一、工业机器人使用的特征事实

我们首先对比了广东、湖北两个省份 2015 年与 2017 年不同企业所有制、企业所属行业、企业规模、企业资本劳动比及生产员工工资的企业使用机器人比例，结果如图 6.1~图 6.5 所示。

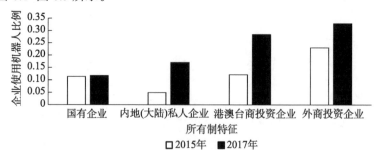

图 6.1　企业所有制与使用机器人情况

资料来源：CEES

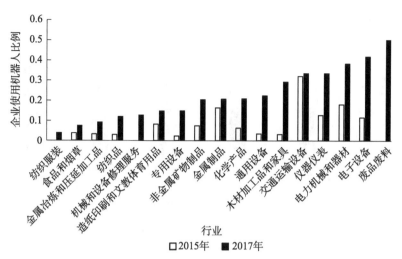

图 6.2　企业所属行业与使用机器人情况

资料来源：CEES

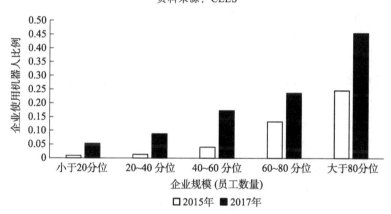

图 6.3　企业规模与使用机器人情况

资料来源：CEES

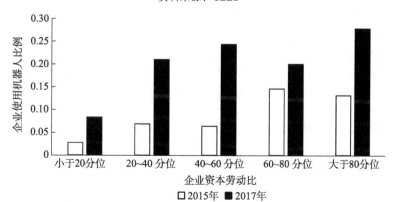

图 6.4　企业资本劳动比与使用机器人情况

资料来源：CEES

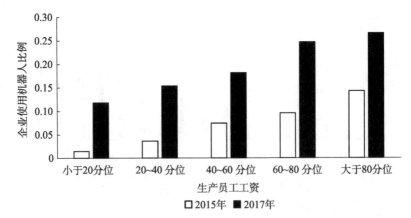

图 6.5　企业生产员工工资与使用机器人情况
资料来源：CEES

总结图 6.1~图 6.5 中的特征，可以得到如下结论。

第一，从企业所有制来看，2015 年外商投资企业使用机器人比例最高，其次为国有企业和港澳台商投资企业，内地（大陆）私人企业使用机器人比例最低；2017 年外商投资企业、港澳台商投资企业、内地（大陆）私人企业使用机器人比例较 2015 年有明显提升，国有企业使用机器人比例未见明显提升，为 2017 年使用机器人比例最低的企业类型。

第二，从企业所属行业来看，石油、炼焦产品和核燃料加工品及其他制造产品行业企业使用机器人的比例在 2015 年及 2017 年均为 0，未包括在绘图范围里；交通运输设备、电力机械和器材与其他电子设备等行业的企业使用机器人比例最高。绝大多数的行业企业 2017 年使用机器人比例较 2015 年均有明显提升。

第三，企业规模和资本密集度与企业使用机器人比例呈正相关。规模越大，人均资本存量越高的企业，使用机器人比例越高。不同规模企业 2017 年使用机器人的比例较 2015 年均有增长，且规模越大，人均资本存量越高的企业增长幅度越大。

第四，生产员工工资与企业使用机器人比例呈正相关。生产员工工资越高的企业，使用机器人比例越高。不同生产员工工资的企业 2017 年使用机器人比例较 2015 年均有增长，且生产员工工资越高的企业增长幅度越大。

二、工业机器人使用的影响因素

表 6.1 考察了影响企业采用机器人的诸多因素，每一列报告一个回归分析的估计结果。参考相关文献（如 Cheng et al.，2019），我们在每个回归中均控制了以雇工人数（取对数）度量的企业规模，以及人均资本存量（取对数）度量的资本密集度。第 2 列控制了行业固定效应，第 3 列控制了省级固定效应。在第 4 列中，

我们加入了企业所有制以及是否有工会的哑变量。第 5 列加入了企业所在城市的两个相关特征：一个是平均工资水平；另一个是城市的营商环境。这两者是利用 CEES 数据中的工人级别工资信息，以及对企业访谈所得到的有关投资优惠政策的公平性、财税补贴的透明性、司法诉讼的公正性等 7 项指标的量表，在城市层面上取平均值得到的。最终，由于投资机器人所需资金较多，企业的采用行为有可能受其融资能力与成本所限制，因此我们在第 6 列中加入了企业融资的信用评级。我们将企业分为三类，评级最高的 AAA 为基准组（约占样本量的 20%），评级为 AA 及以下为一组（约占样本量的 21%），无信用评级的企业为另一组（约占样本量的 49%）。

表 6.1　机器人使用的决定因素

因素	(1)	(2)	(3)	(4)	(5)	(6)
雇工人数（对数）	0.086***	0.079***	0.075***	0.076***	0.078***	0.078***
	(0.006)	(0.006)	(0.006)	(0.007)	(0.007)	(0.007)
人均资本存量（对数）	0.025***	0.022***	0.026***	0.026***	0.025***	0.025***
	(0.005)	(0.005)	(0.006)	(0.005)	(0.005)	(0.005)
所有制：内地（大陆）私人企业为对照组						
国有企业				−0.041	−0.036	−0.037
				(0.053)	(0.053)	(0.053)
港澳台商投资企业				−0.007	−0.003	−0.003
				(0.038)	(0.038)	(0.038)
外商投资企业				0.087**	0.093**	0.092**
				(0.038)	(0.038)	(0.038)
工会				−0.027	−0.03	−0.03
				(0.020)	(0.020)	(0.020)
城市：营商环境					0.084***	0.085***
					(0.028)	(0.028)
城市：平均工资水平					−0.045	−0.046
					(0.032)	(0.032)
信用评级：AAA 为对照组						
AA 及以下						−0.016
						(0.027)
无信用评级						−0.004
						(0.024)
行业固定效应	N	Y	Y	Y	Y	Y
省级固定效应	N	N	Y	Y	Y	Y
样本量	1891	1888	1888	1876	1876	1876
R^2	0.13	0.2	0.2	0.21	0.21	0.21

、*分别表示在 5%、1% 水平上显著

可以看到，对于每一个企业特征，不同的回归所得到的基本结论十分稳健。总结如下。

第一，企业规模与资本密集度与机器人使用高度正相关。规模越大，人均资本存量越高的企业，越容易采用机器人。这一规律在控制住行业以及所在省份的固定效应之后仍然稳健。

第二，不同的所有制企业机器人使用率不同，这从之前的统计性描述图表中也可以看出。在回归中，特别是控制了企业大小后，国有企业比内地（大陆）私人企业的机器人使用率低，但差异并不显著；港澳台商投资企业与内地（大陆）私人企业无显著差异；外商投资企业的采用率远高于私人企业，也远高于其他所有制企业。

第三，有工会的企业机器人使用率低，但统计上不显著。背后原因是否出于对劳动力的保护有待进一步挖掘。

第四，城市层面的营商环境对于机器人的采用率有着重要的促进作用，这是本书十分具有特点的发现，国内外的文献率先证明了地方政府发展市场经济，营造良好的招商环境，对于企业产业升级，甚至创新有着明显的促进作用。我们将在之后的研究中对此点进行进一步的拓展，力求证明这一发现的稳健性，以及作用产生的相关渠道。

第五，城市层面的平均工资水平与企业机器人使用是负向关系。这在一定程度上说明企业采用机器人的动机之一是替代更加昂贵的劳动力。只是这一关系目前在统计上并不显著。

第六，信贷评级较差的企业，机器人的采用率稍低，但这种影响在经济以及统计意义上均不显著。

三、工业机器人对企业用工的影响

我们在表 6.2 中报告了哪些企业用工特征会受到机器人使用的影响。每一列是单独的回归，均控制了行业以及省级固定效应，在面板 A 中我们研究了机器人使用对企业自愿离职人数、非自愿离职人数、大专以上学历比例的影响，在面板 B 中我们研究了机器人使用对不同工种的工资和不同性质的工人工作内容的影响。

表 6.2　受机器人使用影响的企业用工特征

面板 A	自愿离职人数	非自愿离职人数	大专以上学历比例/%
	(1)	(2)	(3)
机器人使用	1.195[***]	0.356[***]	4.009[***]
	(0.132)	(0.079)	(1.282)
行业固定效应	Y	Y	Y
省级固定效应	Y	Y	Y
样本量	1861	1862	1589
R^2	0.22	0.07	0.15

续表

面板 B	分工种工资			工人工作内容特点		
	管理者	技术工人	生产人员	抽象性	重复性	手工
	(1)	(2)	(3)	(4)	(5)	(6)
机器人使用	0.230***	0.094***	0.074***	0.132***	-0.120***	-0.089***
	(0.037)	(0.031)	(0.025)	(0.037)	(0.038)	(0.032)
行业固定效应	Y	Y	Y	Y	Y	Y
省级固定效应	Y	Y	Y	Y	Y	Y
样本量	1801	1543	1807	1826	1820	1826
R^2	0.11	0.12	0.08	0.11	0.09	0.08

***表示在 1%水平上显著

基于上述回归分析，我们可以引申下述几个重要的结论。

第一，自愿离职与非自愿离职人数均与机器人使用正相关。这在一定程度上表明了机器人使用对于员工的替代作用。

第二，机器人使用对工资的影响，在所有工种上均为正向作用，且对管理者的作用最大，技术工人次之，对生产人员的影响最小。如果工资能够代表工人的劳动生产力，说明机器人能在一定意义上与工人产生互补关系，且其互补关系随着雇员技术管理水平的提升而增强。

第三，采用机器人的企业对于大专以上学历的雇工比例要求更高，这说明机器人的普及将有利于大专以上学历的员工，从而造成大专以上学历和低于大专学历的劳动者之间的收入差距拉大。

第四，机器人的使用使得企业工人的工作"重复"以及"手工"的内容减少，而"抽象"，即运用数学，处理较复杂问题的内容显著增多。

第二节 数字化转型对中等收入群体的影响

本书的前述分析已经表明，本轮产业结构升级的主要内容——数字化转型对我国的产业格局、企业生产经营以及劳动力市场结构具有深远影响。而伴随着这一发展进程的快速深入，在可预见的将来中等收入群体的发展变化态势都将与其紧密相关。准确地对这一影响关系进行定量的评估和预测，是科学把握中等收入群体扩大与产业升级协同发展这一关系的关键和基础。

本节主要讨论，在以人工智能和工业机器人为代表的新型技术在各行业广泛应用和不断扩张的趋势下，我国中等收入群体规模在 2025 年、2030 年、2035 年三个关键时间点上将会具体受到何种方向和幅度上的影响。我们将首先介绍本节利用的相关数据及预测方法，其次讨论人工智能与工业机器人对劳动力市场的冲击，然后汇报我们预测的对于中等收入群体规模的具体影响。最后，我们还针对预测模型和方法的局限进行了一系列拓展分析，力图全面、客观地展现这一影响过程中值得关注的重点与要点。

一、使用数据介绍

（一）人口微观样本

我们首先以 2015 年全国 1%人口抽样调查数据为基础构建了全国范围的代表性微观样本。人口普查数据中包含被调查者的性别、年龄、受教育程度以及所属行业、地区、城乡等信息，是我们能够获得的规模最大、代表性最强的关于我国人口结构信息的权威统计数据。虽然人口普查数据中没有直接询问被调查者的收入情况，但我们通过 2014 年 CFPS 数据估计了个人收入与人口特征之间的关系，从而可以估测得到 2015 年人口普查中个体的收入情况。由于个人收入与人口特征的估计模型针对的是有稳定工作的就业群体，因此我们将样本限制在劳动适龄人口，即年龄处于 25～59 岁的人群。[①]特别地，对于失业人群，我们假设其收入为 0。

表 6.3 呈现了此人口微观样本中个体年收入的描述性统计。值得指出的是，由于 CFPS 数据受抽样设计所限难以覆盖足够多的高收入人群，我们构建的个人收入与人口特征的估计模型也会略微低估部分高收入人群的收入情况。该问题进一步体现为，在我们的人口微观样本中能够观察到的最高收入为 188 215.5 元，显然远低于真实的最高收入。然而，由于本书关心的主要对象是中等收入群体而非高收入群体，预测结果重在相对比较和趋势变化而非绝对数字，这种偏差不会对分析造成过多干扰。

表 6.3　个体年收入情况的描述性统计

变量	观测值	均值	最小值	最大值
个体年收入/元	822 132	20 362.519	86.402	188 215.500

资料来源：2015 年全国 1%人口抽样调查、课题组的计算

（二）人工智能相关数据

1. 人工智能应用率

人工智能应用率的数据来自 Zhou 等（2020），该论文汇报了各行业 2017 年实际的人工智能应用率和 2049 年专家预测的人工智能应用率。假设人工智能应用率

---

① 按照国际一般标准或者文献中的通行做法，劳动适龄人群的年龄下限一般确定为 15 岁。但为了排除因教育阶段尚未完成而没有进入劳动力市场情况对分析的干扰，我们选取 25 岁这一时点作为样本选择的年龄下限。这样我们可以比较稳妥地认为样本中人群的受教育程度、就业状态等特征应当处于相对稳定状态，有利于开展进一步分析。

在 2017~2049 年呈随时间变化的线性增长，则我们可以得到 2025 年、2030 年、2035 年三个关键时间点上各行业的预期人工智能应用率，如表 6.4 所示。我们强调这一变化趋势中的几个特点：①农、林、牧、渔业，制造业，建筑业，信息传输、软件和信息技术服务业，住宿和餐饮业，人工智能应用率未来将会达到较高水平，到 2049 年将会达到或者超过 60%，反映了这些行业基本任务要求和劳动技能特点较容易被人工智能技术满足，较适宜人工智能的应用；②科学研究和技术服务业具有最低的未来人工智能应用率，即使到 2049 年也只是略高于 10%，可能反映了这一行业中高素质劳动力与复杂认知能力的重要性和不可替代性，人工智能将暂时以辅助性角色出现；③农、林、牧、渔业的人工智能应用率增长速度最快，尽管 2017 年的起点水平较低，但整体上呈现快速发展的趋势。

表 6.4　分行业分年的人工智能应用率

行业名称	人工智能应用率				
	2017 年	2025 年	2030 年	2035 年	2049 年
农、林、牧、渔业	0.5%	18.0%	26.8%	35.5%	60.0%
采矿业	0.5%	13.4%	19.8%	26.2%	44.2%
制造业	3.7%	21.5%	30.4%	39.3%	64.2%
电力、热力、燃气及水生产和供应业	1.0%	14.0%	20.5%	26.9%	45.1%
建筑业	1.9%	21.1%	30.7%	40.3%	67.1%
批发和零售业	4.5%	19.6%	27.1%	34.6%	55.7%
交通运输、仓储和邮政业	8.0%	17.7%	22.6%	27.5%	41.1%
住宿和餐饮业	5.6%	24.5%	34.0%	43.5%	70.0%
信息传输、软件和信息技术服务业	5.5%	22.8%	31.5%	40.1%	64.4%
金融业	14.0%	26.7%	33.1%	39.5%	57.3%
房地产业	1.9%	13.0%	18.6%	24.1%	39.7%
租赁和商务服务业	2.0%	5.1%	6.6%	8.1%	12.4%
科学研究和技术服务业	3.5%	5.5%	6.5%	7.4%	10.2%
水利、环境和公共设施管理业	2.9%	15.0%	21.0%	27.0%	43.9%
居民服务、修理和其他服务业	1.9%	12.0%	17.1%	22.2%	36.4%
教育	3.0%	10.5%	14.3%	18.0%	28.5%
卫生和社会工作	0.5%	7.0%	10.3%	13.5%	22.6%
文化、体育和娱乐业	6.0%	11.5%	14.2%	16.9%	24.6%
公共管理、社会保障和社会组织	2.0%	8.2%	11.3%	14.4%	23.1%

资料来源：Zhou 等（2020）、课题组的计算

2. 人工智能导致的工作自动化率

为了将人工智能的应用率与其对经济的影响程度联系起来，我们使用 PwC（2018a）提供的 2030 年各行业工作因人工智能影响被自动化的概率，并假设人

工智能导致的工作自动化率与人工智能应用率呈线性关系，进一步得到 2025 年、2030 年、2035 年各行业工作因人工智能影响被自动化的概率。表 6.5 展示了各行业各年的人工智能导致的工作自动化率，一个鲜明特点是制造业、批发和零售业的工作受人工智能影响被自动化的概率最高。

表 6.5　分行业分年的人工智能导致的工作自动化率

行业名称	人工智能导致的工作自动化率		
	2025 年	2030 年	2035 年
农、林、牧、渔业	5.9%	8.8%	11.6%
采矿业	5.9%	8.8%	11.6%
制造业	15.9%	22.5%	29.1%
电力、热力、燃气及水生产和供应业	6.0%	8.8%	11.5%
建筑业	6.0%	8.8%	11.5%
批发和零售业	15.9%	22.0%	28.1%
交通运输、仓储和邮政业	12.6%	16.0%	19.4%
住宿和餐饮业	12.6%	17.5%	22.4%
信息传输、软件和信息技术服务业	12.7%	17.5%	22.3%
金融业	14.5%	18.0%	21.5%
房地产业	12.6%	18.0%	23.4%
租赁和商务服务业	13.4%	17.5%	21.6%
科学研究和技术服务业	15.3%	18.0%	20.7%
水利、环境和公共设施管理业	5.7%	8.0%	10.3%
居民服务、修理和其他服务业	12.7%	18.0%	23.3%
教育	5.9%	8.0%	10.1%
卫生和社会工作	5.5%	8.0%	10.5%
文化、体育和娱乐业	6.5%	8.0%	9.5%
公共管理、社会保障和社会组织	5.8%	8.0%	10.2%

资料来源：PwC（2018a）、课题组的计算

3. 人工智能的行业生产总值贡献率

PwC（2018b）给出了 2017～2037 年人工智能贡献的各行业生产总值增长率（growth of value added, GVA）。假设 2015～2037 年每年的增长率恒定，则我们可以由这一复合 GVA 倒推出人工智能贡献的年均 GVA，并计算得到 2025 年、2030 年、2035 年相对于 2015 年而言人工智能贡献的 GVA。表 6.6 给出了对应的计算结果，我们发现人工智能在服务业中贡献的 GVA 最大，至 2035 年可达约 44%；而农业最低，至 2025 年也只有约 6%。这反映了人工智能对于各行业的经济发展贡献程度是不均衡的，而处于不同行业中的劳动者从中获得的潜在收益也将是有差异的。

表 6.6 分行业分年的人工智能贡献的 GVA 预测

行业名称	年均 GVA	复合 GVA			
		2017～2037 年	2015～2025 年	2015～2030 年	2015～2035 年
农业	0.745%	16%	6.117%	10.128%	14.291%
工业	1.660%	39%	14.079%	23.868%	34.497%
建筑业	1.980%	48%	16.978%	29.024%	42.310%
服务业	2.048%	50%	17.608%	30.155%	44.040%

资料来源：PwC（2018b）、课题组的计算

（三）工业机器人保有量

工业机器人分行业使用情况的统计来自 IFR 组织[①]。图 6.6 展示了六大类行业在 1999～2019 年工业机器人保有量的变化趋势。我们发现，各个行业的机器人使用情况在近年来才开始呈现增长的态势，而 2005 年前几乎少有使用。特别地，制造业使用工业机器人数量远高于其他行业，并且增长趋势也更为明显。以表 6.7 第 2 列所示的 2015 年情况为例，制造业保有的工业机器人数量占有统计信息的六大类行业总数的 99.46%

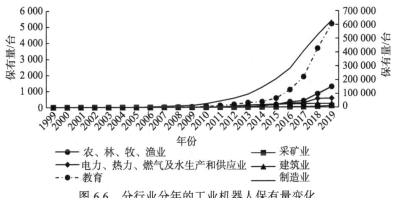

图 6.6 分行业分年的工业机器人保有量变化

资料来源：IFR

制造业机器人保有量绘于次坐标轴（右侧）

表 6.7 分行业分年的工业机器人保有量（单位：台）

行业名称	工业机器人保有量			
	2015 年	2025 年	2030 年	2035 年
农、林、牧、渔业	165	4 731	5 100	5 121
采矿业	14	2 385	26 226	72 350
制造业	206 171	993 166	1 028 378	1 032 065
电力、热力、燃气及水生产和供应业	196	767	774	774
建筑业	193	223	223	223
教育	558	8 557	8 602	8 603

资料来源：IFR、课题组的计算

[①] 关于 IFR 的详细介绍和工业机器人的数据情况见：http://www.ifr.org/。

为了预测直至 2035 年各行业的工业机器人保有量变化,我们假设工业机器人存量随时间呈逻辑斯谛(logistic)型增长,即首先呈现快速增长,随后增速逐渐放缓,最终进入总数大体保持稳定的平台期。在这一假设下,我们基于 2005～2019 年的历史数据按照 logistic 函数进行建模,进一步外推预测 2025 年、2030 年、2035 年的各行业工业机器人保有量。表 6.7 的第 3～5 列呈现了对应的预测结果,可以发现 2030～2035 年各行业工业机器人的增长基本都已经进入平台期,且制造业仍然使用着绝大多数的工业机器人。

为了聚焦重点,同时也避免在服务业等不适合工业机器人使用的背景下进行分析讨论,我们在本节的分析中重点关注工业机器人在制造业中产生的可能影响,而暂时忽略其他行业对工业机器人的使用和受到的相关影响。

(四)其他宏观经济预测

为了获得考虑除人工智能之外的传统经济因素增长如何影响劳动力市场与中等收入群体,我们搜集了对应的经济预测数据。PwC(2018b)给出了 2017～2037 年中分阶段的 GVA 预测,如表 6.8 所示。扣除掉表 6.6 给出的人工智能贡献的 GVA,我们即可计算得到 2025 年、2030 年、2035 年相对于 2015 年由传统经济(即资本、劳动力、除人工智能外的传统技术等)贡献的各行业 GVA,如表 6.9 所示。结合表 6.8 与表 6.9,我们发现建筑业的总 GVA 最高,其由传统经济贡献的 GVA 也是最高的;工业的总 GVA 和传统经济贡献的 GVA 其次。

表 6.8　分行业分年的年均 GVA 预测

行业名称	年均 GVA				
	2011～2016 年	2017～2020 年	2021～2025 年	2026～2030 年	2031～2037 年
农业	4.0%	3.4%	3.0%	2.1%	1.3%
工业	7.0%	5.9%	5.1%	3.7%	2.3%
建筑业	8.4%	7.1%	6.1%	4.5%	2.8%
服务业	8.0%	6.9%	4.5%	2.5%	1.2%

资料来源:PwC(2018b)

注:2011～2016 年为实际增长率,其余年份为预测增长率

表 6.9　分行业分年的传统经济贡献的复合 GVA 预测

行业名称	复合 GVA		
	2015～2025 年	2015～2030 年	2015～2035 年
农业	31.7%	42.8%	48.8%
工业	58.5%	83.1%	97.4%
建筑业	74.8%	109.9%	132.0%
服务业	58.2%	68.7%	67.0%

基于行业宏观经济增长的情况,我们希望进一步得到关于个体收入的预测,这有助于我们最终落实到中等收入群体规模的概念上评估相关因素影响。然而,

目前缺乏直接的资料给出我国未来的劳动力收入水平的相关预测。为了解决该问题，我们利用国家统计局公布的 2013～2019 年人均可支配收入和国民生产总值数据，粗略估计得到劳动力人均收入对行业生产总值的弹性为 1。利用这一假设，我们可以将上述对传统经济增长的预测转换为对劳动力人均收入增长的预测。

二、测算方法概述

为量化预测各种因素对于中等收入群体规模的影响，我们以 2015 年劳动适龄人口微观样本（下称 2015 年样本）为基础，通过考虑不同假设下人工智能、工业机器人和传统经济对于劳动力市场中的就业岗位和工资水平的影响，构建人口就业状态和分布结构受相关因素影响发生对应变化的"反事实"（counter-factual）样本。在 2015 年样本和"反事实"样本中，结合世界银行所采取的"成年人日均收入 10～100 美元"的中等收入者定义，即可分别计算得到对应情况下的中等收入群体规模。通过比较对应的"反事实"样本与 2015 年样本对应的劳动力市场情况和中等收入群体规模，即得以预测和评估某一因素（或综合因素）带来的相关影响。值得强调的是，上述测算分析方法利用了经济学实证研究中的反事实因果推断框架，因此得到的预测和评估结果更加科学、可靠。

具体而言，我们主要关注以下方面对于劳动力市场和中等收入群体的相关影响：①人工智能与工业机器人取代当前就业岗位、增加劳动力失业概率的替代效应；②人工智能通过贡献经济增长、创造额外工作需求、增加劳动力就业概率的收入效应；③传统经济持续发展、个体收入水平随之自然增加的自然增长效应。下面我们逐个进行阐明。

（一）人工智能的替代效应

PwC（2018b）认为，在考虑就业摩擦的前提下，人工智能替代人类劳动力的概率为其导致的工作自动化率的 2/3。表 6.5 中给出了人工智能导致的工作自动化率，结合这一假设，我们可以计算得到 2025 年、2030 年、2035 年各个行业因人工智能发展而取代人类劳动力就业岗位的比例。

在人口微观样本的基础上，我们随机令每个行业中对应比例的已就业劳动者转换为失业人口，并失去全部收入。以这一"反事实"样本为基础，我们可以分行业、[①]地域、城乡、年龄、性别和受教育程度等不同维度进行加总，与 2015 年样本的加总结果进行比较并计算得到就业岗位被取代的比例和数量，同时获得中

---

① 值得注意的是，由于有工作的劳动力人口才有行业分类信息，所以在行业层面上统计中等收入群体的比例或规模是以有工作的人口做了一次筛选的。我们认为这种口径下的统计结果与其他维度上包含了失业人口的统计结果不可比，也不利于正确评估人工智能对于劳动力市场的冲击及进一步对于中等收入群体的影响，因此我们在后文第四部分中汇报各个因素对于中等收入群体的影响时均省略了行业维度的预测结果。

等收入群体的相对占比和绝对数量变化情况。由于人口微观样本为抽样数据，为了使最终的统计结果与宏观数字可比，我们使用了 2015 年人口普查统计公报中汇报的全部劳动适龄人口数量对数据进行了校准（后文汇报的所有绝对数量均经过此调整，下略）。

（二）工业机器人的替代效应

王永钦和董雯（2020）利用上市公司数据发现：①工业机器人渗透度（定义为行业工业机器人存量与 2010 年行业劳动力人数之比）每增加 1%，劳动力需求下降 0.18%；②工业机器人渗透度对于劳动力工资的影响不显著，即工业机器人对于劳动力市场的影响主要体现在广延边际（extensive margin）而非集约边际（intensive margin）上。我们借鉴这一结果，利用表 6.7 中汇报的工业机器人保有量预测数据进一步构建了对应年份的制造业工业机器人渗透度指标，并由此计算了对就业岗位的替代比例和绝对数量。与分析人工智能替代效应的做法类似，我们以此作为"反事实"样本与 2015 年样本相比较，进一步计算得到分维度的中等收入群体的相对占比和绝对数量变化情况。

（三）人工智能的收入效应

人工智能的使用一方面替代了现有的就业岗位，另一方面也通过刺激经济发展而创造了额外的劳动力需求。在表 6.6 给出的人工智能贡献的行业 GVA 数据基础上，我们只需进一步获得产值增加与劳动力需求创造之间的弹性关系，即可量化人工智能收入效应的岗位创造情况。然而，精确估计这一弹性比较困难。PwC（2018b）采用了和我们一致的预测思路，并简单假设劳动力需求对产值变化的弹性为 1（高弹性情形），即 1% 的产值增长（1 个百分点的 GVA）会带来 1% 的就业岗位增加。而我们通过国家统计局公布的分行业劳动力就业数量与 GVA 的历史数据估计得到，劳动力需求对产值变化的弹性为 0.437（低弹性情形）。我们取两个数字的平均值 0.718 作为中间弹性情形，并作为基准假设预测人工智能收入效应带来的就业岗位增加。

在计算得到分行业的岗位增加数量后，我们加总至全国层面上与总失业人口数进行比较：①若新增就业岗位数小于失业人口数，取两者之比作为失业人口获得工作的概率；②若新增就业岗位数大于等于失业人口数，则认为失业人口可以全部转化为就业人口。与前文的做法类似，我们依然在人口微观样本的基础上随机令每个失业个体以这一概率转化为就业人口，并获得与其具有相同人口特征的就业人口相同的收入水平。在此"反事实"样本的基础上，我们分行业、地域、城乡、年龄、性别和受教育程度等不同维度进行加总，与 2015 年样本的加总结果进行比较并计算得到新增就业的比例和数量，并进一步获得中等收入群体的相对占比和绝对数量变化情况。

（四）传统经济自然增长效应

在以人工智能为代表的新型技术驱动的增长之外，各种传统生产要素发展变化带来的自然增长效应也必然会对劳动力市场和中等收入群体产生不可忽视的影响。根据奥肯定律（Okun's law），GDP 与失业率之间的关系是相对稳定的，GDP 每增加 1%，失业率大约下降 0.5 个百分点。而又如表 6.8 所示，未来经济增长速度预计将保持相对稳定，因此我们认为传统经济自然增长带来的产值增加对劳动力市场的影响将主要表现在已就业个体的收入水平上升，而非就业岗位的大幅变化。

结合表 6.9 中的传统经济贡献的复合增长率、劳动力人均收入对行业生产总值的弹性为 1 的假设，我们可以得到各行业因传统经济自然增长而提升的个体收入水平。在人口微观样本的基础上，我们将已就业个体的收入水平进行对应的调整，并重新统计中等收入群体的相对比例和绝对数量，再将此结果与 2015 年样本对应的统计结果进行比较，即可得到传统经济增长对于中等收入群体的对应影响。

（五）综合影响

至此，我们已经把本节中考虑到的四个具体影响渠道一一进行了介绍，让我们做一简单的归纳总结，如表 6.10 所示。

表 6.10 四种影响渠道的归纳总结

序号	影响因素	影响机制	影响方式	影响范围	影响方向
1	人工智能	替代效应	广延边际	全行业	负面
2	人工智能	收入效应	广延边际	全行业	正面
3	工业机器人	替代效应	广延边际	制造业	负面
4	传统经济	自然增长效应	集约边际	全行业	正面

注："影响方式"一列主要表明对于每个渠道劳动力市场的影响，广延边际指该渠道影响劳动力就业岗位的数量（即就业–失业的状态转换），集约边际指该渠道影响已就业劳动力的收入水平

值得强调的是，我们提出的分析框架非常灵活，允许考虑多种因素同时变化、通过多个渠道同时作用的情形。以综合考虑人工智能和工业机器人的替代效应、人工智能的收入效应和传统经济的自然增长效应的情况为例[1]，我们只需要按照如下步骤进行计算：①首先计算所有广延边际上的影响，即每个行业因人工智能和工业机器人替代效应带来的就业岗位减少、因人工智能收入效应带来的收入岗位增加，合并得到每个行业中的就业岗位净变化。②考虑就业岗位净减少的行业，

---

[1] 当然，如果只考虑其中部分因素，只需要在下面步骤中省略对应的内容即可。

随机选择对应比例（就业岗位净减少数量占原就业岗位数量的比重）的已就业个体转换为失业人口。③考虑就业岗位净增加的行业，将所有净增加的就业岗位数量求和与现有失业人口（=原有失业人口+上一步骤中的新增失业人口）数量进行比较，如果失业人口数量大于等于净增加的就业岗位数量，则令对应人数的失业人口转换为相应行业的就业人口；如果失业人口数量小于净增加的就业岗位数量，则令全部失业人口转换为就业人口，以每个行业的净增加就业岗位数量为权重分配到各行业中。④将所有新增失业人口的收入水平降至 0；将所有新增就业人口的收入升至与其同行业且具有相同人口特征的已就业人口的平均水平。⑤对于所有就业人口，按照对应行业传统经济自然增长的幅度提升收入水平。⑥由此我们即得到对应的"反事实"样本，在此基础上可分行业、地域、城乡、年龄、性别和受教育程度等不同维度进行加总，与 2015 年样本的加总结果进行比较并计算就业岗位的变化比例和数量，以及中等收入群体相对占比和绝对数量的变化情况。

三、对劳动力市场的影响

在本节的预测方法中，劳动力市场是逻辑链条中的关键一环——每个影响因素都可认为是先对劳动力市场的广延边际或集约边际产生影响，再作用于个体的收入水平，最终表现在中等收入群体规模概念上的。因此，我们首先展示劳动力市场如何受到相关因素发展变化的影响。特别地，在人工智能与工业机器人的相关分析当中，我们基本上遵从先总体介绍，再分维度描述的思路，全方位展示以人工智能和工业机器人为代表的新型技术在 2025 年、2030 年、2035 年三个关键时间点上将会如何影响就业岗位的比例和数量变化①。

（一）人工智能的替代效应

人工智能应用率的不断升高，将会促进工作自动化率的提升，并代替人类劳动力完成相关工作。在全国层面，人工智能因替代效应对劳动力市场的影响如表 6.11 所示。伴随着人工智能的不断发展和广泛使用，将会对就业岗位带来明显的负面冲击。人工智能替代掉的就业岗位占比将从 2025 年的 7.69%上升至 2035 年的 14.69%；对应减少的就业人数将从 2025 年的约 5240 万人上升至 2035 年的约 9400 万人。

表 6.11　人工智能替代效应对劳动力市场的影响

项目	2025 年	2030 年	2035 年
减少就业比例/%	7.69	11.12	14.69
减少就业人数/万人	5239.88	7340.20	9397.61

---

① 此处的就业岗位比例变化定义为新增（减少）就业岗位数量占 2015 年存量的比例；就业岗位数量的变化与 2015 年的情况可比。

1. 分行业

图 6.7 展示了人工智能替代效应在不同行业的影响。随着时间的推移，人工智能导致就业岗位减少的比例和数量也将不断上升。人工智能对于制造业、批发和零售业减少的就业岗位比例最高，到 2035 年接近 20%。与此同时，因为这两个行业的就业基数很大，因此减少的就业岗位数量也最多，到 2035 年，人工智能将会在制造业替代约 2700 万人，在批发和零售业替代约 2400 万人。此外，尽管人工智能对农、林、牧、渔业的就业岗位减少比例较小，但同样由于第一产业巨大的就业基数，到 2035 年在农、林、牧、渔业将由于人工智能的替代效应减少 1800 万的就业岗位。

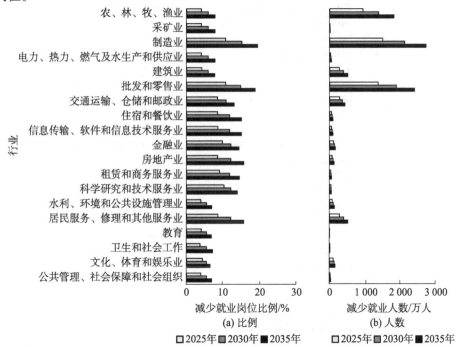

图 6.7　分行业的人工智能替代效应对劳动力市场影响

2. 分地区

图 6.8 展示了人工智能替代效应在不同地区的影响。在经济较发达的地区，如北京、上海、江苏、浙江、福建、广东等省份，由于主要行业的人工智能应用率提升较大，对应导致就业岗位减少的比例也较高。特别地，由于广东、山东、江苏的就业基数较大，因此受影响的就业岗位规模也较大：到 2035 年，这些省份将因人工智能的替代效应而分别有约 830 万人、750 万人、690 万人失去就业岗位。在经济较为不发达的地区，各行业的人工智能应用率平均提升较小，对应导致就业岗位的变化比例也较小，如云南、甘肃、西藏、青海，这一比例仅从 2025 年的

约 6%上升至 2035 年的约 12%。至于就业人数减少的绝对数量，海南、西藏、青海、宁夏也是相对较少的，到 2035 年仅减少不超过 40 万人。

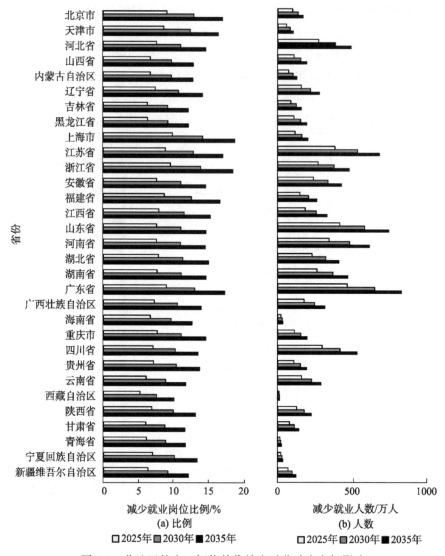

图 6.8　分地区的人工智能替代效应对劳动力市场影响

3. 分城乡

图 6.9 展示了人工智能替代效应对城乡居民和农民工群体的负面冲击。随着时间推移、人工智能应用率的提升，各类群体就业岗位减少的比例和数量也将不断上升。非农业户口的劳动者被人工智能替代的概率高于农业户口，但由于农业户口劳动者就业基数大，受人工智能影响而失业的绝对数量反而高于非农业户口。

从就业岗位变化的比例上看，农民工群体受到的冲击最为显著，这可能与他们从事的行业类型有关，需要引起高度重视。

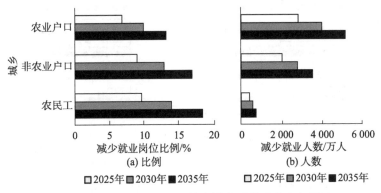

图 6.9　分城乡的人工智能替代效应对劳动力市场影响

4. 分性别

图 6.10 展示了人工智能替代效应对不同性别劳动者的影响。女性劳动者被人工智能替代的概率与男性大致相同；但由于男性劳动者就业基数较大，受人工智能影响而导致的失业人数更多，到 2035 年人工智能的替代效应将减少约 5400 万个男性劳动者的工作岗位，而将同时减少约 4000 万个女性劳动者的工作岗位。

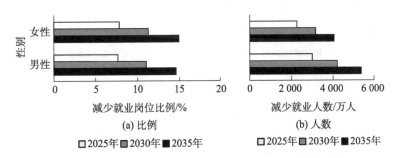

图 6.10　分性别的人工智能替代效应对劳动力市场影响

5. 分年龄组

图 6.11 展示了人工智能替代效应在不同年龄组的影响。在各个年龄组中，人工智能的负面影响都随着时间不断加深。而随着年龄的增长，个体被人工智能替代的概率不断下降，25～39 岁的青壮年劳动力到 2035 年被人工智能替代的概率超过 15%，而 55～59 岁经验丰富的劳动者则约有 12% 的概率被替代。考虑到就业基数以后，25～29 岁群体的就业人数减少得最多，到 2035 年约为 1800 万人，接下来是 40～44 岁群体，到 2035 年将有约 1600 万人因人工智能的替代而失业。

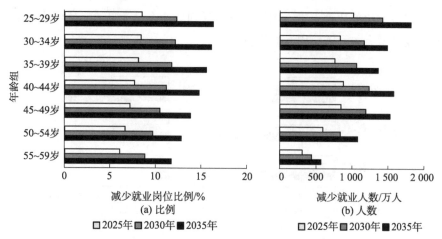

图 6.11   分年龄组的人工智能替代效应对劳动力市场影响

6. 分受教育水平

图 6.12 展示了人工智能替代效应对于不同受教育水平群体的影响。与直观认识可能有所不同的是，上过大学的群体就业岗位被人工智能替代的比例反而略高于未上过大学的个体，以 2035 年为例，两者分别为 16.4%、14.4%。这可能是因为上过大学的劳动者更多地在人工智能影响更大的行业中工作。由于未上过大学的劳动者就业基数远高于上过大学的劳动者，因此对应的就业人数减少数量也远远高出后者，到 2035 年分别约为 7900 万人、1500 万人。

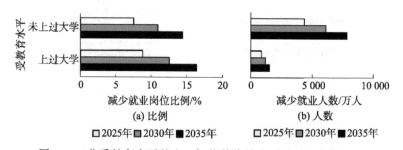

图 6.12   分受教育水平的人工智能替代效应对劳动力市场影响

（二）工业机器人的替代效应

类似于人工智能对劳动力的替代效应，工业机器人的使用同样会替代相当的就业岗位。在表 6.12 中，我们汇报了由于制造业工业机器人的使用在 2025 年、2030 年和 2035 年分别减少的就业岗位数量，以及分别占全国总就业岗位和制造业就业岗位的比例。由于工业机器人的发展起步相对人工智能更早，在 2030 年前后已经进入平台期，因此对就业的负面影响随时间变化的幅度不明显，但整体比例和总体数量仍然很可观。以 2035 年为例，工业机器人将会替代制造业中 34.48%

表 6.12　工业机器人替代效应对劳动力市场的影响

项目	2025 年	2030 年	2035 年
减少就业岗位比例/%	5.04	5.14	5.16
减少制造业就业岗位比例/%	33.48	34.28	34.48
减少就业人数/万人	3521.46	3583.79	3599.37

的就业岗位,也即全国就业岗位中的 5.16%,这对应着减少约 3600 万的就业人数。

1. 分地区

图 6.13 展示了工业机器人替代效应在不同地区对劳动力市场的影响。由于 2025~2035 年工业机器人的应用已进入平台期,因此对就业的负面影响随时间变化的幅度不明显。由于我们主要考虑工业机器人在制造业的影响,因此制造业较为发达的长三角和珠三角地区受工业机器人的影响最大,尤其是浙江省,就业岗位到 2035 年将减少约 11%,其他长三角和珠三角地区减少约 9%。由于长三角和

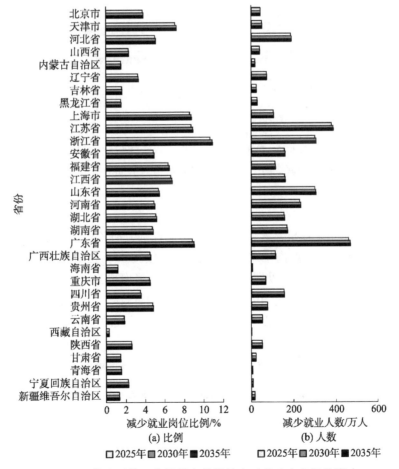

图 6.13　分地区的工业机器人替代效应对劳动力市场的影响

珠三角地区的制造业就业基数非常大，因此广东、江苏、浙江的就业人数减少数量最多，分别约为 470 万人、380 万人、300 万人。同样地，人口大省河南、山东等地的就业人数减少得也很多。而整体上西北地区受工业机器人的负面冲击较小。

2. 分城乡

图 6.14 展示了工业机器人的替代效应对城乡居民和农民工群体的负面影响情况。与人工智能的负面影响分布情况类似，非农业户口劳动者被工业机器人替代的概率高于农业户口，到 2035 年分别约为 5.2%、4.6%。但由于就业基数较大，农业户口群体受工业机器人影响而减少的就业人数高于非农业户口群体，到 2035 年分别约为 1900 万人、1200 万人。由于农民工外出打工多选择制造业和建筑业，因此农民工的工作岗位被工业机器人替代的比例尤其高，超过 10%；虽然由于就业基数不大，到 2035 年减少的就业人数只有 400 余万人，但这对于农民工群体本身的影响是不可忽视的。

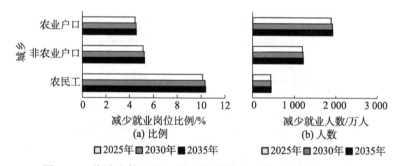

图 6.14　分城乡的工业机器人替代效应对劳动力市场的影响

3. 分性别

图 6.15 展示了工业机器人替代效应对不同性别劳动者就业状况的影响。无论是工业机器人导致的就业岗位减少比例还是减少数量，男性所受的负面影响都略高于女性。以 2035 年为例，男性劳动者有 5.26%的概率被工业机器人替代；而女性劳动者约有5%的概率被替代。由于男性劳动者的数量较多，被工业机器人替代的人数也远高于女性，约为 2100 万人；而女性劳动者被替代的人数则有 1500 万人。

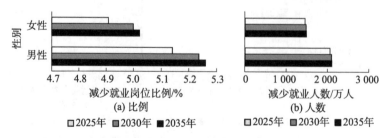

图 6.15　分性别的工业机器人替代效应对劳动力市场的影响

4. 分年龄组

图 6.16 展示了工业机器人替代效应在不同年龄组对就业市场的影响。随着年龄的增长,劳动者被工业机器人替代的概率逐渐下降。以 2035 年的情况为例,25～29 岁群体的工作岗位被工业机器人替代的比例约为 6.7%,55～59 岁群体工作岗位被工业机器人替代的比例下降到 2.5%左右。考虑到就业基数,到 2035 年 25～29 岁群体受工业机器人影响减少的就业人数也是最多的,约为 800 万人;而 55～59 岁群体被工业机器人替代的数量最少,约为 130 万人。

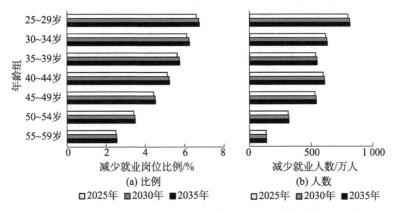

图 6.16　分年龄组的工业机器人替代效应对劳动力市场的影响

5. 分受教育水平

图 6.17 展示了工业机器人替代效应对于不同受教育水平群体就业情况的影响。我们发现,无论就工作岗位被替代的比例还是数量而言,未上过大学群体受到的负面影响都远高于上过大学的群体。以 2035 年为例,他们在劳动力市场上被工业机器人替代的概率分别约为 5.4%、3.8%,减少的就业人数分别约为 3200 万人、400 万人。这一特点与人工智能的影响模式截然相反,充分体现了工业机器人与人工智能作为新型技术具有相当的不同:人工智能可以替代更为复杂和综合的工作,这些工作本来主要由上过大学的劳动者完成;而工业机器人主要是替代比较简单、重复的工作,因此将明显挤出受教育水平较低的劳动者就业。

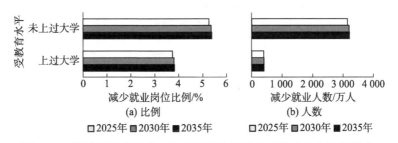

图 6.17　分受教育水平的工业机器人替代效应对劳动力市场的影响

（三）人工智能的收入效应

人工智能的发展不仅会替代现有的劳动岗位，同时也会创造出新的对于劳动力的需求。正如第五章中介绍的，这种劳动力需求的增加并不是现有需求的简单扩大，而是伴随着新的行业、职业与工作技能的出现。本部分在此不对这些细节加以讨论，而是关注量化层面的影响幅度。

在全国层面，人工智能因收入效应对劳动力市场的影响如表 6.13 所示。随着时间的推移，人工智能对就业的正面影响也在迅速扩大，新增就业概率从 2025 年的 9.37% 上升至 2035 年的 23.23%，增加的就业人数由 2025 年的约 6900 万人上升至 2035 年的约 17 000 万人。

表 6.13   人工智能收入效应对劳动力市场的影响

项目	2025 年	2030 年	2035 年
增加就业概率/%	9.37	16.03	23.23
增加就业人数/万人	6 874.74	11 756.38	17 043.29

1. 分行业

图 6.18 展示了人工智能收入效应在不同行业对劳动力市场的影响。随着时间的推移，人工智能的正面影响愈发显著。就新增就业岗位比例而言，人工智能对

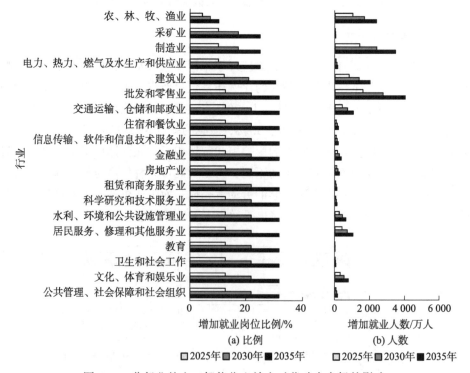

图 6.18   分行业的人工智能收入效应对劳动力市场的影响

服务业的影响最大，到 2035 年将增加约 30% 的就业岗位；对农、林、牧、渔业影响最小，到 2035 年仅增加不足 10% 的就业岗位。在考虑就业基数以后，由于第一产业就业基数大，人工智能创造的就业岗位也非常可观，至 2035 年可增加就业人数接近 2400 万人。此外，制造业、批发和零售业的就业基数较大，这两个行业新增就业人数也最多，到 2035 年分别为 3500 万人、4000 万人左右。

2. 分地区

图 6.19 展示了人工智能收入效应在不同地区对劳动力市场的影响。随着时间推移，人工智能对新增工作岗位的效果也愈发明显。在前面分行业的分析当中，我们发现人工智能对服务业的就业拉动作用较强，因此经济较为发达、第三产业占比较高的北京、上海、浙江、天津、福建、广东受人工智能影响新增就业岗位

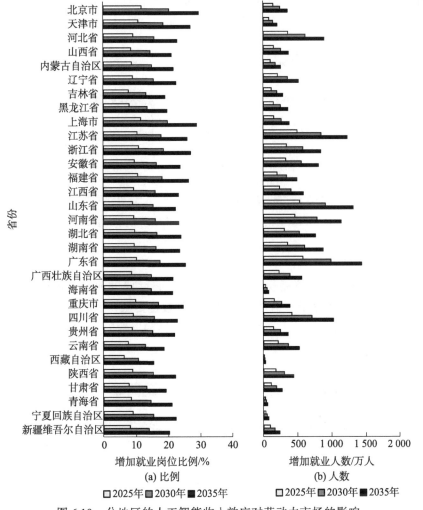

图 6.19　分地区的人工智能收入效应对劳动力市场的影响

的比例也较高，到 2035 年，北京、上海会由于人工智能的发展而新增近 30% 的就业岗位。与之相对的，云南、西藏受人工智能影响就业岗位增加的比例比较低，但到 2035 年也分别有约 18%、15.4%；另外，东北地区就业岗位增加的比例均低于平均值。考虑到庞大的劳动力基数，广东、山东、江苏、河南、四川等人口大省新增就业人数最多，到 2035 年均将超过 1000 万人。海南、宁夏、青海、西藏的新增就业人数最少，到 2035 年不超过 80 万人。

3. 分城乡

图 6.20 展示了人工智能收入效应对城乡居民和农民工群体就业情况的影响。人工智能创造的就业岗位更多地提升了对非农业户口群体和农民工群体的就业概率，而农业户口群体受影响程度最小。但考虑到农业户口群体的庞大基数，到 2035 年仍将有约 8800 万人的新增就业，而非农业户口群体则约有 6900 万人。农民工群体人数较少，到 2035 年新增就业人数仅约为 1300 万人。

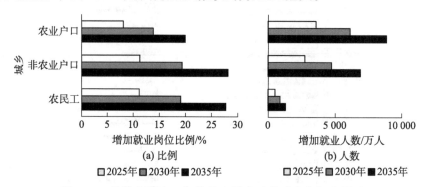

图 6.20　分城乡的人工智能收入效应对劳动力市场的影响

4. 分性别

图 6.21 展示了人工智能收入效应对不同性别劳动者就业情况的影响。女性劳动者受到影响的概率略低于男性，同时就业基数也更低，因此女性新增就业人数也低于男性。到 2035 年，人工智能将分别为女性和男性创造 7000 万和 10 000 万个就业岗位。

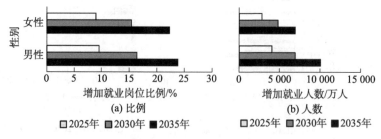

图 6.21　分性别的人工智能收入效应对劳动力市场的影响

5. 分年龄组

图 6.22 展示了人工智能收入效应对不同年龄组就业情况的影响。年龄越小，劳动者个体越可能获得人工智能创造的新工作岗位。到 2035 年，25～39 岁的青壮年劳动力将增加约 25% 的就业岗位，而 55～59 岁的高龄劳动力将只增加 18.5% 左右。考虑不同年龄组的就业基数后，我们仍然发现 25～29 岁群体受人工智能影响新增就业人数最多，到 2035 年约为 3300 万人，而 55～59 岁群体的新增就业人数是最少的，到 2035 年约为 1000 万人。

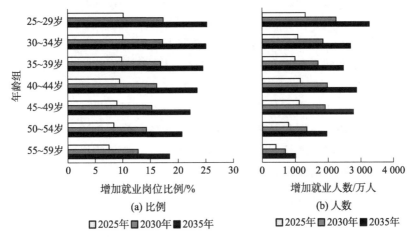

图 6.22　分年龄组的人工智能收入效应对劳动力市场的影响

6. 分受教育水平

图 6.23 展示了不同受教育程度的群体将会如何受到人工智能收入效应对劳动力市场的影响。我们注意到，上过大学的群体新增的就业岗位比例远高于未上过大学的群体，以 2035 年为例，分别约为 30%、22%。另外，由于未上过大学的劳动者群体数量庞大，新增就业人数远高于上过大学的群体，到 2035 年分别约为 13 800 万人、3200 万人。

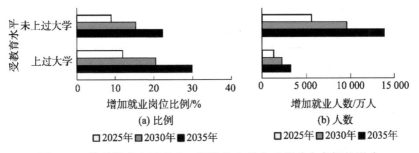

图 6.23　分受教育水平的人工智能收入效应对劳动力市场的影响

（四）传统经济

传统经济的自然增长对劳动力市场的影响主要体现为提升已就业劳动者的收入水平。在 2025 年、2030 年和 2035 年，全国劳动者的平均收入将相对 2015 年分别上升 63%、81% 和 88%。

四、对中等收入群体的影响

在上一部分中，我们已经详细介绍了以人工智能、工业机器人为代表的新型技术应用对劳动力市场的影响：当已就业群体的工作岗位被新型技术替代，他们就将面临失业和丧失收入的风险；同时新型技术的发展会提供新的就业岗位，失业者得以获得收入。此外，传统经济的自然增长也提升了就业群体的收入。

当个人的就业状态和收入水平发生变化，人口中的中等收入群体比例和数量也自然随之变化。站在 2025 年、2030 年、2035 年这三个关键时点上，我们按照"每日收入在 10 ~ 100 美元范围内"的标准判断个体是否进入中等收入群体，在地区、城乡、年龄、性别和受教育程度等维度上进行加总统计，①展示人工智能、工业机器人、传统经济增长等因素如何影响中等收入群体的规模，最后我们还将同时考虑所有因素共同作用的综合影响。

（一）人工智能的替代效应

在讨论产业升级协调发展与中等收入群体变动的问题时，一个主要的担忧可能是新型技术的广泛应用将会大量替代现有就业岗位，影响劳动者的收入，阻碍中等收入群体规模的进一步扩大。因此，我们首先考察人工智能替代效应对中等收入群体规模的负面影响。

表 6.14 中展示了中等收入群体占劳动适龄人口的比例和绝对数量在 2025 年、2030 年、2035 年因人工智能替代效应而相较于 2015 年发生的变化。我们发现，人工智能替代效应对中等收入群体规模的负面影响随着时间的推移不断加大：到 2025 年，中等收入群体占比下降了约 2.97 个百分点，人数减少了约 2200 万人；而到了 2035 年，中等收入群体占比下降了约 5.63 个百分点，对应约 4200 万人离开了中等收入群体。

表 6.14　人工智能替代效应对中等收入群体的影响

项目	2025 年	2030 年	2035 年
人口占比变化/个百分点	-2.97	-4.29	-5.63
绝对数量变化/万人	-2227.89	-3217.36	-4220.28

① 我们再次指出，由于有工作的劳动者才有所属行业分类的信息，在行业维度上统计中等收入群体的比例和数量将自然把失业人口排除在外，造成统计口径的不可比，也不利于正确评估人工智能的影响。因此我们在此处和其他相关因素的分析中有意省略了行业维度的预测结果。

1. 分地区

图 6.24 展示了人工智能替代效应在不同地区对中等收入群体的影响。随着时间推移和人工智能应用率的不断提升,中等收入群体的占比和数量也在随之减少。从地区间的比较来看,经济较为发达的北京、上海、江苏、浙江、福建、广东、海南等省份中等收入群体占比减少较多,这与本节第三部分中这些地区的劳动力就业岗位受人工智能替代而减少较多的预测相一致。由于广东、江苏、山东的就业基数较大,受影响的中等收入群体规模也较大:到 2035 年,这些省份将因人工智能的替代效应而分别有约 480 万人、400 万人、350 万人退出中等收入群体。在经济较为不发达的地区,广泛采用人工智能的行业发展相对有限,因此中等收入群体受影响的幅度也较小。如四川、贵州、云南、甘肃、青海,即使到 2035 年,受人工智能影响减少的中等收入群体占比仅约为 4 个百分点。从中等收入群体的绝对数量变化上看,西藏、青海、宁夏受影响最小,到 2035 年减少不超过 15 万人。

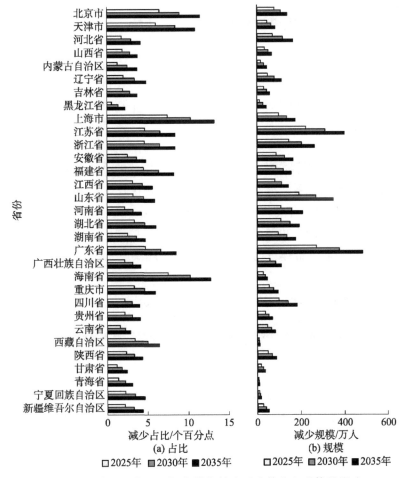

图 6.24　分地区的人工智能替代效应对中等收入群体的影响

2. 分城乡

图 6.25 展示了人工智能替代效应对城镇居民、农村居民和农民工群体中中等收入群体的影响。由于城镇居民和农民工所处的行业人工智能应用率相对更高，对劳动力市场的冲击也更大，因此中等收入群体占比对应下降更多。特别地，农民工群体受影响程度甚至还要大于城镇居民。到 2035 年，城镇居民的中等收入群体占比减少约 10 个百分点，而农民工群体则减少约 11 个百分点。从中等收入群体的绝对数量上看，考虑到农业户口劳动者庞大的就业基数，农村居民的中等收入群体规模下降幅度明显大于农民工群体，在 2035 年将由于人工智能替代效应减少 1300 万人。

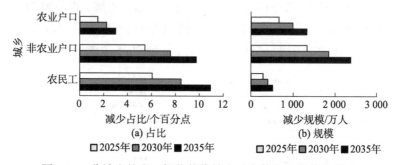

图 6.25　分城乡的人工智能替代效应对中等收入群体的影响

3. 分性别

图 6.26 展示了人工智能替代效应对中等收入群体的分性别影响。不管是从相对占比还是绝对数量来看，男性都是受人工智能替代效应影响较大的一方，对应的中等收入群体到 2035 年将因此减少约 7 个百分点，对应着 2900 万人的绝对数量。值得注意的是，由于 2015 年男性中等收入群体的占比较高，因此人工智能替代效应将导致中等收入群体占比的性别差距相对缩小。

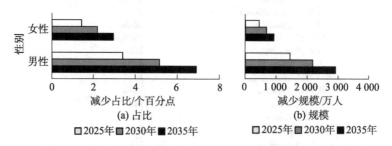

图 6.26　分性别的人工智能替代效应对中等收入群体的影响

4. 分年龄组

图 6.27 展示了人工智能替代效应对不同年龄组中等收入群体的影响。随着时

间推移和人工智能应用率的不断提升，所有年龄段的中等收入群体占比和数量也在随之下降。从中等收入群体占比的指标看，人工智能的替代效应呈现出倒"U"形的影响特征：30~34 岁群体的中等收入群体比例受影响最大，到 2035 年减少约 9 个百分点；35 岁以后，随着年龄的上升，中等收入群体占比的变化受人工智能的影响不断下降；而在 55~59 岁群体内，中等收入群体受人工智能影响几乎可以忽略不计。然而从中等收入群体数量的指标看，人工智能的替代效应随年龄增加而不断减少：到 2035 年，25~29 岁年龄组中等收入群体将因此减少约 960 万人，为受影响最大的群体；随着年龄上升，中等收入群体绝对数量的减少规模也随之下降。

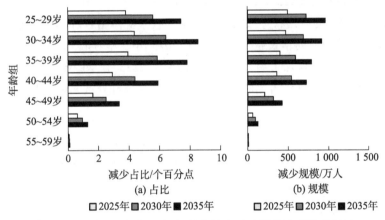

图 6.27　分年龄组的人工智能替代效应对中等收入群体的影响

5. 分受教育水平

图 6.28 展示了人工智能替代效应对不同受教育水平的中等收入群体的影响。上过大学的中等收入群体受人工智能替代效应的影响较大，到 2035 年中等收入群体占比将减少约 10 个百分点。但同时考虑到未上过大学的劳动者基数较大，因此对应的中等收入群体绝对数量减少较多，到 2035 年将减少约 2800 万人。

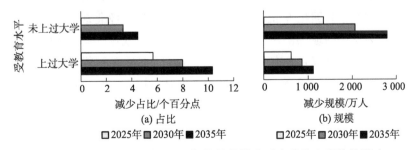

图 6.28　分受教育水平的人工智能替代效应对中等收入群体的影响

（二）人工智能的综合影响

我们也不必对于前文预测的人工智能对中等收入群体的负面影响过于担忧。人工智能的使用不仅会替代劳动力就业岗位，更会通过拉动经济增长、刺激新行业、新业态、新需求的出现，创造新的劳动力就业岗位。因此我们需要综合人工智能的替代效应和收入效应，同时考虑中等收入群体规模将会如何对应受到影响。也就是说，人工智能影响中等收入群体规模最终的方向和幅度，应当取决于两个效应之间的比较，这也进一步显示出本节进行量化分析的必要性和重要性。

表 6.15 展示了综合考虑人工智能对就业的替代效应和收入效应后，中等收入群体的占比和数量在 2025 年、2030 年、2035 年相较于 2015 年发生的变化[①]。我们发现，人工智能的应用将导致人口中的中等收入群体相对占比和绝对数量提升，且这种正向影响随时间增长越发显著。到 2025 年，中等收入群体占比仅增加了 0.55 个百分点，人数增加了约 400 万人；而到了 2035 年，由于人工智能收入效应愈发凸显，中等收入群体占比的提升也将达到 1.9 个百分点，对应着约 1400 万人的规模。

表 6.15　人工智能对中等收入群体的影响

项目	2025 年	2030 年	2035 年
人口占比变化/个百分点	0.55	1.35	1.90
绝对数量变化/万人	413.30	1009.90	1421.48

1. 分地区

图 6.29 展示了人工智能对不同地区中等收入群体占比和规模的影响。我们发现随着时间的推移，人工智能的收入效应逐渐占据主导地位，对于就业的促进作用也更加明显，中等收入群体的占比和数量因此得以不断上升。2025 年人工智能在湖北、宁夏的替代效应超过收入效应，因此中等收入群体的占比和数量均有所减少；但到 2030 年和 2035 年，人工智能的影响由负转正，大幅增加了中等收入群体的占比和数量。回忆本节第三部分中展示的结果，像北京、长三角、珠三角这样经济较为发达的地区，人工智能应用率较高，对就业的替代效应和收入效应都较高，而在本部分综合考虑两种效应后，我们发现人工智能对这些地区的中等收入群体的净影响相对较小。东北地区、西北地区因人工智能导致的中等收入群

---

① 注意本节中定义的中等收入群体在人口中的占比，是以劳动适龄人口（25～59 岁人群）数量为分母、其中的中等收入群体数量为分子计算的。这一口径可能和常见的定义标准不完全一致，我们在最后一节中对此标准问题进行了专门讨论。

体占比增加较为明显，到 2035 年可提高 2～4 个百分点；而考虑到各地区的就业基数，河北、山东、河南、辽宁等地的中等收入群体数量增加最多，到 2035 年将分别新增约 112 万人、103 万人、85 万人、82 万人。从这些特征来看，人工智能很可能不会进一步扩大地区间的收入差距，反而有助于帮助落后地区实现追赶超越，助力区域协调发展的实现。

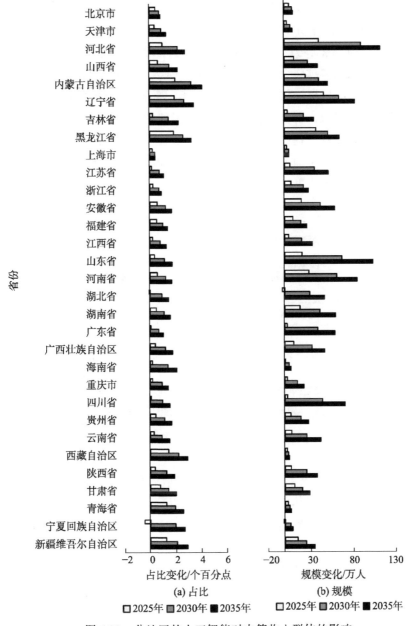

图 6.29　分地区的人工智能对中等收入群体的影响

2. 分城乡

图 6.30 展示了人工智能对不同城乡群体的中等收入群体占比和数量的影响。我们发现，人工智能对农业户口的中等收入群体占比的影响较非农业户口大，且因为农业户口人群基数较大，中等收入群体的新增数量也较大。到 2035 年，农业户口的中等收入群体将增加约 700 万人，使其中等收入群体占比再上升 1.5 个百分点。从这一点来看，人工智能的使用将导致城乡之间收入差距的缩小。此外，农民工群体也值得我们特别关注。前文已提到人工智能对农民工就业的替代效应和收入效应都很高，综合考虑这两种效应后，我们发现人工智能在 2025 年对农民工人群中的中等收入群体将会造成显著的负向影响，相对于 2015 年分别减少约 0.3 个百分点，约 14 万人；而 2030 年和 2035 年，随着人工智能收入效应的凸显，农民工人群中的中等收入群体将转而受到人工智能的正向影响。考虑到农民工群体在缩小城乡收入差距、提高城镇化水平、维护社会稳定中的重要地位，我们应当高度重视这种前期的负面冲击，通过政策工具加以干预，帮助农民工群体平稳过渡到人工智能收入效应更加凸显的阶段。

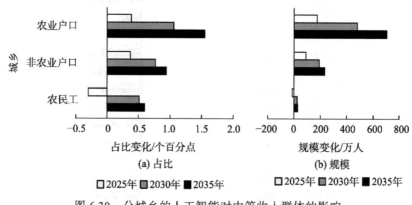

图 6.30　分城乡的人工智能对中等收入群体的影响

3. 分性别

图 6.31 展示了人工智能对不同性别的中等收入群体占比和数量的影响。人工智能对男性中等收入群体的影响高于女性，以到 2035 年的情况为例，两个群体中的中等群体占比将分别增加约 2.6 和 1.4 个百分点，数量分别增加约 1100 万人和 450 万人。给定 2015 年男性的中等收入群体占比就达到了 52.9%，远高于女性群体（21.3%），因此我们有理由担心人工智能将会导致性别差距进一步扩大。在产业升级协同发展的大背景下，更需要注重加强对女性劳动者的关注与保护。

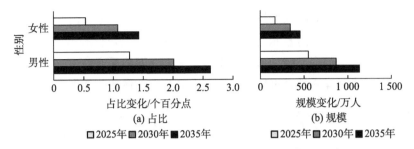

图 6.31　分性别的人工智能对中等收入群体的影响

4. 分年龄组

图 6.32 展示了人工智能对不同年龄组中等收入群体占比和数量的影响。在前文中分析人工智能对劳动力市场影响的部分，我们已经发现随着年龄的上升，人工智能对就业的替代效应和收入效应均随之下降。综合考虑两种效应之后，人工智能对中等收入群体的影响呈现出与年龄的倒 "U" 形关系。对于 35～39 岁群体，人工智能扩大中等收入群体占比的正面影响最为明显，到 2035 年可增长约 2.6 个百分点；考虑到人口基数，人工智能对 40～44 岁群体的中等收入群体数量提升最多，到 2035 年将新增约 300 万人。特别地，对于 55～59 岁的高龄人群，人工智能对中等收入群体的影响非常有限，甚至在 2025 年中等收入群体的占比和数量还略有下降。在社会老龄化的背景下，尤其是考虑到延迟退休政策的可能性，这部分高龄劳动力的就业和技能培训应当受到关注。

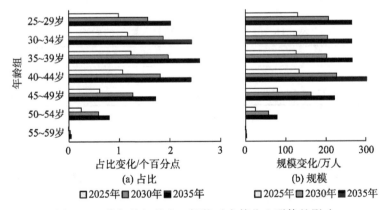

图 6.32　分年龄组的人工智能对中等收入群体的影响

5. 分受教育水平

图 6.33 展示了人工智能对不同受教育水平群体中的中等收入群体占比和数量的影响。随着时间的推移，人工智能对未上过大学人群中的中等收入群体的正向影响显著增加，而对上过大学人群的影响变化不大。到 2035 年，人工智能将使未

上过大学人群中的中等收入群体占比增加约 2 个百分点，对应着 1300 万人，这是一个十分可观的规模。这意味着人工智能的使用并不是对低素质、低技能劳动者全面不友好的，然而提升劳动者的受教育水平仍然具有重要意义，本节将会在进一步讨论中继续阐释受教育水平变化对于中等收入群体的可能影响。

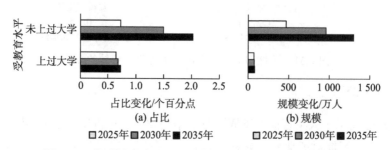

图 6.33　分受教育水平的人工智能对中等收入群体的影响

（三）工业机器人

接下来，我们考虑工业机器人的使用对中等收入群体的影响。由于我们主要考虑工业机器人的使用对就业起替代作用，因此工业机器人将会减少中等收入群体的占比和数量。如表 6.16 所示，受工业机器人使用的影响，2025 年、2030 年、2035 年的中等收入群体占比将会相对于 2015 年降低约 3.2 个百分点，对应的人口数量为 2400 万人左右。这一影响在时间上较为稳定，主要是受工业机器人使用和发展进入平台期的影响。

表 6.16　工业机器人对中等收入群体的影响

项目	2025 年	2030 年	2035 年
人口占比变化/个百分点	-3.22	-3.24	-3.25
绝对数量变化/万人	-2417.79	-2432.28	-2435.91

1. 分地区

图 6.34 展示了工业机器人对不同地区中等收入群体占比和数量的影响。由于工业机器人主要在制造业使用并对劳动力就业起替代作用，制造业较为发达的地区如天津、长三角、珠三角等中等收入群体占比减少最多，上海、天津、浙江、广东、江苏到 2035 年将分别减少约 7.3、6、6、5.8、5.4 个百分点。由于珠三角从事制造业的劳动力基数庞大，因此广东受工业机器人影响中等收入群体数量减少最多，到 2035 年约为 330 万人；江苏、浙江分别减少约 260 万人、190 万人；山东由于人口众多、就业基数庞大，中等收入群体数量受工业机器人的负向影响也十分明显，约减少 200 万人。

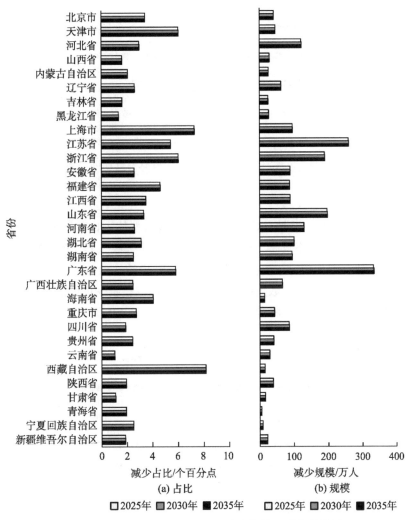

图 6.34　分地区的工业机器人对中等收入群体的影响

2. 分城乡

图 6.35 展示了工业机器人对不同城乡群体中等收入群体占比和数量的影响。由于工业机器人主要在制造业对就业产生替代作用，而制造业又是农民工外出务工的一个主要就业方向，因此农民工受工业机器人影响中等收入群体占比减少最多，到 2035 年将减少约 7.6 个百分点。农村居民主要在第一产业就业，因此工业机器人对农业户口的中等收入群体占比影响较小，而对非农业户口群体影响更大，两者的中等收入群体占比将分别减少约 2.1、4.4 个百分点。但考虑到农村居民的庞大基数，农业户口和非农业户口中中等收入群体减少数量较为接近，到 2035 年将分别减少约为 970 万人、1100 万人。

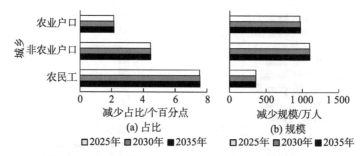

图 6.35　分城乡的工业机器人对中等收入群体的影响

3. 分性别

图 6.36 展示了工业机器人对不同性别中等收入群体占比和数量的影响。由于男性在制造业就业的概率较高，工业机器人对男性中等收入群体的影响高于女性，到 2035 年男性、女性中等收入群体占比将分别减少约 3.8、1.5 个百分点。同时，由于男性在制造业的就业基数更高，中等收入群体数量减少也更多，到 2035 年男性、女性中等收入群体数量将分别减少约 1655 万人、475 万人。

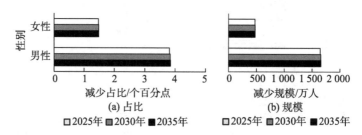

图 6.36　分性别的工业机器人对中等收入群体的影响

4. 分年龄组

图 6.37 展示了工业机器人对不同年龄组内中等收入群体占比和数量的影响。随着年龄的增长，工业机器人对中等收入群体占比的负向影响呈倒 "U" 形，峰

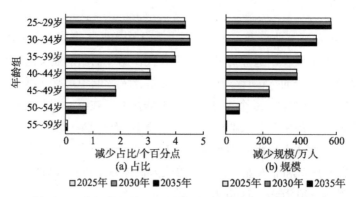

图 6.37　分年龄组的工业机器人对中等收入群体的影响

值出现在 30～34 岁群体,到 2035 年其中等收入群体占比将减少约 4.5 个百分点。考虑就业基数以后,工业机器人对中等收入群体数量的负向影响则随着年龄增长而减小。到 2035 年,25～29 岁的中等收入群体数量将减少约 570 万人;而 55～59 岁的中等收入群体受机器人的影响几乎为 0。

5. 分受教育水平

图 6.38 展示了工业机器人对不同受教育程度群体的中等收入群体占比和数量的影响。就中等收入群体的占比而言,工业机器人对不同受教育水平群体的影响相近,到 2035 年上过大学和未上过大学群体中的中等收入群体占比将分别因此减少约 3.2、2.8 个百分点。考虑到未上过大学群体的就业基数庞大,因此中等收入群体数量的减少远高于上过大学的群体,到 2035 年两个群体将分别减少约 1800万人、350 万人。

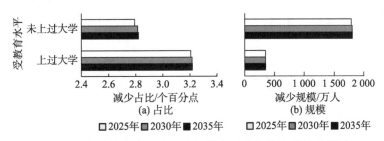

图 6.38　分受教育水平的工业机器人对中等收入群体的影响

(四)传统经济

传统经济的自然增长提高了就业群体的收入水平,将会促进中等收入群体的扩大。表 6.17 显示,如果只考虑传统经济的自然增长,到 2035 年全国中等收入群体占比将增加约 20 个百分点,数量增加约 1.5 亿人。可见传统经济自然增长带来的中等收入群体扩大效应十分强劲,远超过前面预测分析的人工智能和工业机器人的影响。这意味着产业升级协同发展的过程不仅需要人工智能和工业机器人等新型技术的驱动和引领,影响经济的传统因素的发展和增长仍将是扩大中等收入群体的主要力量。

表 6.17　传统经济增长对中等收入群体的影响

项目	2025 年	2030 年	2035 年
人口占比变化/个百分点	17.99	20.26	20.59
绝对数量变化/万人	13 488.76	15 194.08	15 438.81

(五)综合影响

在这一部分中,我们同时考虑人工智能、工业机器人和传统经济等多个因素对中等收入群体的影响。之前讨论的单个因素对于中等收入群体的影响重点较为鲜明、政策含义更加明确，而本部分的预测结果有助于我们更加全面、整体地把握中等收入群体在未来因产业升级协同发展带来的变化动态。表 6.18 汇报了多种因素对中等收入群体的综合影响。到 2035 年，中等收入群体占比将增加约 20 个百分点，对应数量增加约 1.5 亿人。

表 6.18　多种因素对中等收入群体的综合影响

项目	2025 年	2030 年	2035 年
人口占比变化/个百分点	16.86	19.15	20.35
绝对数量变化/万人	12 639.60	14 359.13	15 261.89

1. 分地区

图 6.39 展示了多种因素对不同地区中等收入群体占比和数量的综合影响。在考虑各种因素的同时作用后，各地区的中等收入群体占比和数量均呈上升态势，

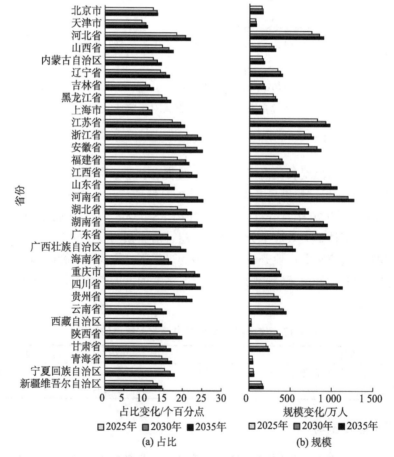

图 6.39　分地区的多种因素对中等收入群体的综合影响

且随着时间推移上升幅度更加明显。对于安徽、江西、河南、湖北、湖南等中部地区，以及广西、重庆、四川、贵州、陕西等西部地区，中等收入群体占比的增加最大——到 2035 年，上述中部省份的中等收入群体占比将增加约 25 个百分点，上述西部省份将增加超过 20 个百分点。考虑到人口基数后，人口大省江苏、山东、河南、广东、四川的中等收入群体数量增加最多，到 2035 年将新增 1000 万人左右。

2. 分城乡

图 6.40 展示了多种因素对农村居民、城市居民和农民工群体的中等收入群体占比和数量的影响。我们发现，在各组内中等收入群体占比和数量均将有所增加，且随着时间的推移，增幅更加明显。组间相比，农民工群体的中等收入群体占比和数量所受影响都是最小的。考虑到农业户口的庞大人口基数，对应的中等收入群体数量增加远大于非农业户口和农民工群体，到 2035 年将新增约 9100 万人，有助于城乡差距进一步缩小。

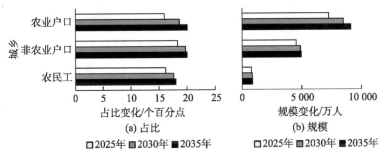

图 6.40 分城乡的多种因素对中等收入群体的综合影响

3. 分性别

图 6.41 展示了多种因素对不同性别的中等收入群体占比和数量的综合影响。我们发现，在各组内中等收入群体占比和数量均将有所增加，且随着时间的推移，增幅更加明显。无论是中等收入群体占比变化，还是中等收入群体数量变化，女性的增幅都远高于男性。到 2035 年，女性的中等收入群体占比将增加约 30 个百分点，对应着 8900 万人左右的数量；而男性的中等收入群体占比将增加约 14.4 个百分点，对应着约 5700 万人的数量。

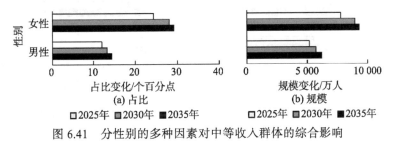

图 6.41 分性别的多种因素对中等收入群体的综合影响

4. 分年龄组

图 6.42 展示了多种因素对不同年龄组内中等收入群体占比和数量的综合影响。我们发现,在各组内中等收入群体占比和数量均将有所增加,且随着时间的推移,增幅更加明显。无论是中等收入群体占比变化还是数量变化,总体上都呈现出双峰分布的特征,即 25~29 岁、45~49 岁群体相较附近年龄组所受影响较大。到 2035 年,两个年龄组的中等收入群体占比将分别增加约 22 和 27 个百分点,中等收入群体数量将分别增加约 2900 万人和 3500 万人。

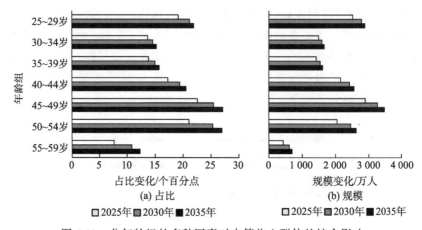

图 6.42 分年龄组的多种因素对中等收入群体的综合影响

5. 分受教育水平

图 6.43 展示了各种因素对不同受教育程度群体的中等收入群体占比和数量的综合影响。我们注意到,随着时间的推移,未上过大学的群体内中等收入群体的占比和数量都将不断增加;而上过大学的群体内中等收入群体占比和数量在 2030~2035 年出现了停滞甚至有所回落。从组间比较的角度看,两组受教育程度人群的中等收入群体占比受综合影响的幅度相近,但由于未上过大学人群的庞大人口基数,到 2035 年其规模要相对增加约 1.3 亿人,远超上过大学群体的 1900 万人。

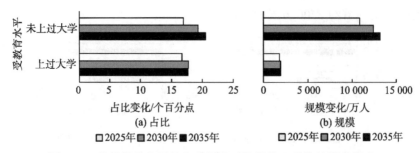

图 6.43 分受教育水平的多种因素对中等收入群体的综合影响

五、进一步讨论

在前文的分析中，我们展示了人工智能的替代效应和收入效应、工业机器人的替代效应、传统经济的自然增长效应如何影响劳动力市场及中等收入群体的规模。然而为了便于对影响过程进行量化分析，本节的分析框架使用了一些比较简单和粗糙的假设，这使得我们的分析过程和预测结果还具有相当的局限性。对此，我们在本部分对于几个重要问题加以特别强调和补充，以增强分析的科学性和全面性。

（一）结构性错配

我们可以注意到，各种潜在影响因素有的增加了新的就业岗位，有的替代了原有的就业岗位，在建模计算过程中这种工作岗位的替代和创造过程被认为是完全同质和等价的，可以计算出净影响再进行后续分析。然而必须指明的是，由于结构性错配的存在，被人工智能和工业机器人替代掉的劳动力并不一定能够完全、充分地被新创造出的工作岗位雇佣，从而造成结构性失业的现象，影响了中等收入群体的进一步扩大。导致这种结构性错配的原因是多样的，我们必须着力减少劳动力市场中资源匹配的制度性摩擦，有效引导劳动供给方与需求方进行精准匹配，才能减少由此导致的效率损失，促进中等收入群体规模进一步扩大。

（二）人口结构的变动

在本书的分析当中，我们始终假设人口结构保持 2015 年的状态，主要是改变就业群体的比例和收入水平以计算适龄劳动人口中的中等收入群体比例变化。然而真实的经济运行过程离不开人口结构的变动，高龄人口退出劳动力市场后的收入变化、年轻人口以更高的受教育水平进入劳动力市场后的收入变化，都将影响我们的分析结果。虽然这些因素不易在本节所采用的分析框架中合并考虑，但仍然值得单独拿出来进行讨论。

1. 退休与收入降低

当劳动者退出劳动力市场转而以养老金作为自己的主要收入来源时，其收入水平必然会有所折扣。这种折扣比例，即养老金占退休前工资的份额就是养老金的替代率。如果以 70%作为一个比较合意的替代率水平[①]，我们可以计算得到在这样的福利标准下，由退休而导致的收入降低会对中等收入群体的相对比例与绝对数量造成多大的影响。

---

① 《我国基本养老保险的替代率逐步下降》，https://rich.online.sh.cn/content/2020-01/15/content_9484496.htm。

具体而言，我们假设 2015 年的 50～59 岁群体将于 2025 年全部退休，45～59 岁群体将于 2030 年全部退休，40～59 岁群体将于 2035 年全部退休。我们根据这些年龄组的人群在退休前的收入水平统计其中中等收入群体的相对比例与绝对数量，再按照退休后 70% 的替代率计算新的收入水平，并同样统计中等收入群体的比例与数量。相关结果如表 6.19 所示。

表 6.19   退休对中等收入群体规模的影响

年龄组	退休前		退休后		退休后相比减少	
	占比/%	数量/万人	占比/%	数量/万人	百分点	数量/万人
40～44 岁	45.76	5711.51	23.61	2947.53	22.15	2763.98
45～49 岁	27.00	3460.63	10.8	1384.82	16.20	2075.81
50～54 岁	10.70	1039.88	1.92	186.66	8.78	853.22
55～59 岁	0.68	38.13	0.02	1.18	0.66	36.95

注：这里的年龄组为 2015 年时的年龄取值

我们发现，由退休造成的收入减少对于中等收入群体规模的影响是巨大的。年龄更大的群体，本身中等收入群体的比例和数量就相对更小，在退休之后受到的影响也更加明显。例如，2015 年 55～59 岁的群体，约 38 万人符合中等收入群体标准，占该群体的 0.68%；然而在退休之后，他们几乎全部掉入低收入群体的范围。考虑到这一结果是以 70% 作为养老金替代率的假设，并且还没有考虑农民工群体参保比例较差和缴费水平不足的情况，真实情况可能更加严峻，因此我们必须重视老龄人口因退出劳动力市场而不能达到中等收入群体标准的可能。

2. 受教育水平提升与收入增加

未来进入劳动力市场的劳动者受教育水平将会不断提高，这会增加对应的收入水平，并且对于中等收入群体的相对比例和绝对数量也将产生相当的影响。根据岳昌君等（2019），高等教育普及化阶段中的高等教育毛入学率应在 50% 以上。我们假设未来中国将进入到高等教育普及化阶段，则新进入劳动力市场的个体有约 50% 的概率上过大学。我们以此可以得到相比于当前的受教育水平，受教育水平进一步提升将会对中等收入群体的相对比例与绝对数量造成多大的影响。

具体而言，我们假设 2015 年 15～19 岁群体在 2025 年全部进入劳动力市场（当年 25～29 岁），10～19 岁群体在 2030 年全部进入劳动力市场（当年 25～34 岁），2015 年 5～19 岁群体在 2035 年全部进入劳动力市场（当年 25～39 岁）。我们首先以 2015 年 25～29 岁群体的受教育水平估计这些新进入者的收入，再假设该群体的受教育水平提高为有 50% 的人上过大学，在保持其他特征不变的条件下重新估计对应收入，分别计算中等收入群体的比例和数量，最后进行比较就得到了受教育水平提升的影响。表 6.20 展示了一个以 2035 年为例的统计结果。

表 6.20　受教育水平提升对中等收入群体规模的影响

年龄组	保持受教育水平		提升受教育水平		提升后相比增加	
	占比/%	数量/万人	占比/%	数量/万人	百分点	数量/万人
25～29 岁	49.80	4133.27	54.33	4509.42	4.53	376.15
30～34 岁	55.30	4470.61	62.08	5018.50	6.78	547.89
35～39 岁	54.51	4666.47	60.15	5149.41	5.64	482.94

注：这里的年龄组为 2035 年时的年龄取值

我们发现，由受教育水平提升带来的中等收入群体扩张也是相当可观的。以 25～29 岁人群为例，若以 2015 年的受教育水平为准，他们当中有 4133.27 万中等收入群体，占整个人群的 49.8%；如果再考虑该群体受教育水平提升至有 50% 的人上过大学，则中等收入群体数量还会再增加 376.15 万人。这只是简单考虑了教育水平提高本身带来的收入效应，还没有考虑与其他因素的协同作用。故而教育在扩大中等收入群体这一命题中具有相当的重要性。

（三）中等收入群体的定义及其可能的局限

本章构造的中等收入群体样本，是建立在个人层面"日均收入 10～100 美元"标准上的，并且只对适龄劳动人口（25～59 岁年龄段）人群进行了统计。这一做法有助于我们在各个维度上分析我国中等收入群体发展变化的动态，但也存在相当明显的局限性：①在统计范围上，省略了儿童和老人一少一老两个人群，因其本身收入能力有限或基本不具有收入，所以本节中的中等收入人口占比相关的结果存在一定的高估；②我们没有考虑从家庭经济生活的实际情况来定义中等收入群体，儿童、老人的扶养需要适龄劳动人口负担必要的支出，因此从家户层面统计中等收入群体的规模更合适，国家统计局定义的"三口之家，十万块钱"的标准是一个更加合意的指标。然而我们需要强调，本章的统计和预测结果依然具有较强的参考意义，尤其是在不同因素之间、各个维度内部进行比较分析时，结果是相对可靠的。

执笔人：刘晨冉、邓涵

第七章

政 策 建 议

前面各章的理论论证和实证分析充分表明，数字化转型、产业结构升级与中等收入群体扩大之间存在复杂的关系。在以工业机器人、人工智能为代表的新一轮技术革命的冲击下，扩大中等收入群体与产业升级协调发展面临着前所未有的机遇和挑战，需要通过积极有为、有的放矢的政策措施加以应对。

在本章中，我们立足于前述理论分析与实证研究的结论，充分考虑政策设计的综合性、组合性和联动性特征，从社会就业、产业升级、社会保障三个大的方面提出九点具体政策建议。在数字化转型的宏观背景下，这些指导和干预措施将会充分发挥有效市场、有为政府两方面作用，努力减少劳动力就业所受冲击，着力保持中等收入群体扩大的势头，全力推动两者协调发展。

第一节 社会就业政策

第一，面向数字化转型新需求，规划、创新和完善学校教育。

要着眼培养具备人工智能知识和技能的新一代劳动者，建议从小学、中学到大学的教育规划和课程体系中，增加人工智能知识、技能等基础内容（目前状况是基本各自为政），增加相关师资、教材、设备和实验室建设等投入，创新教育方法，拓展教学深度，形成中小学教育与高等教育相协同，基础知识、基本技能教学与创新思维、创造能力培养相融合的课程体系。在义务教育阶段，适当提早开展人工智能教育。如美国，人工智能教育家设计的"编程积木"在 20 世纪 80 年代就在小学推广。要充分利用各类科技设施、科普活动和企业应用场景，政府、学校、企业联合组织开展中小学课外教学活动，重点支持有特殊爱好、特殊能力的同学加入兴趣小组活动，加快人工智能人才早期培养。在高等教育阶段，开展通识型信息技术课程，扩大人工智能相关专业培养规模；借鉴德国高等教育经验（德国 434 所大学中，应用科学大学 217 所，占比为 50%），建设一批高水平的应用型大学，大规模培养应用科学专业人才，不仅设立本科学位，而且设立硕士学位，推动基础研究与基础应用的紧密结合，提升应用型大学的地位。

第二，面向劳动力市场新变化，全面构建高质量、双结合的职业技术教育、在职技术培训体系。

人工智能对就业的冲击主要体现在结构性失业而非总量性失业，就业岗位在数量上有减有增，在技能上由低转高。建议围绕企业数字化转型，构建高质量的职业技术教育、在职技能培训体系，建设高素质的、适应人工智能发展需要的产业工人队伍。首先，职业技术教育要立足培养既懂专业技术、又懂数字技术的复合型高技能人才。调研中了解到，排名全球前列的工程机械制造商三一集团，2020年员工人数为36 000名，其中工程技术人员6000名（人均年收入约30万元），当年营业收入1368亿元；到2024年，企业的目标是，员工人数保持33 000人，其中普通工人减少9倍，减至3000人，工程技术人员为原有的5倍，达到30 000人，营业收入超过3000亿元。大量工程技术人员既要依靠高水平职业技术院校培养，又要依靠产教融合、校企合作方式现场实训。这部分人群将是扩大中等收入群体的主要来源。同时，职业技术教育要增强适应性、前瞻性，努力满足新技术催生的各种新职业、新岗位对劳动力的新需求。其次，在职技能培训要强化终身职业培训，针对在岗工人中具有高失业风险群体，超前部署、强化培训，努力实现劳动力从传统岗位向新岗位的有序转移。对失业工人群体，要建立健全再培训、再就业服务体系，参考脱贫攻坚经验，建卡立档、精准施策，有效引导再就业。

第三，面向数字产业化、产业数字化新趋势，创造开发新业态、新职业、新岗位。

数字经济在对传统产业进行技术替代的同时，也在催生新兴产业，赋能传统产业，突出表现为对新职业、新岗位的技术创造。以数据赋能为代表的产业升级，在对就业岗位的创造上，有着平均薪酬水平高、产业影响链条长、资源约束边界软等三个特点，对一、二、三产业均有影响，更少受地理空间、区位禀赋和资源条件等传统因素约束。人力资源和社会保障部、国家市场监督管理总局、国家统计局已联合向社会发布了38个新职业，其中大部分与人工智能相关。江苏省人力资源和社会保障厅对1047家制造业企业、68万名职工进行了问卷调查，结果显示，使用机器人智能装备后，增加技能技术岗位的企业达到25.8%，增加工程师或技术研发岗位的企业达到29.4%。加快发展数字经济要依托新技术，布局新产业，探索新管理，发展新模式，在一些人机互动、人际互动的行业，如教育、金融、法律、咨询等开发更多的新职业、新岗位；要进一步发展不容易被人工智能替代的行业、职业或技能，如养老、医护、养护等，以高质量产业升级引领高质量就业，持续扩大中等收入群体。

第二节　产业升级政策

第一，面向农民工，加快存量带增量市民化进程。

我国农民工是产业工人主体，所占比例约为 70%。这一群体由于文化水平低、技能水平低，受人工智能等新技术替代效应的影响最大。2020 年我国常住人口城镇化率为 63.89%，户籍人口城镇化率为 45.40%，相差 18.49 个百分点，比 2012 年反而增加 1.19 个百分点；统计数据显示的 9.02 亿城镇人口中，包含着进城务工经商半年以上的农民工及其家属 2.61 亿人。抽样调查表明，进城 10 年以上的农民工约为 5200 万人，他们已经是各行各业的骨干，个人收入已超过中等收入群体水平，是农村居民人均收入的 5 倍以上，是城镇居民人均收入的 2 倍以上。建议深入落实以人为核心的新型城镇化战略，以存量带增量，加快农民工市民化进程。聚焦在城镇稳定就业、长期居住的存量农民工，与试行以经常居住地登记户口制度的改革相呼应，开启"一人进城、举家定居"模式，不按现有积分条件，扩大城市落户规模。这样做的好处主要有两个方面。一是吸引企业对稳定的产业工人加大职业培训的投入，提升他们的生产技能、生产效率，增强对数字化转型的适应性，降低失业风险。二是一个长期进城的农民工带一个配偶和一个子女在城镇定居，配偶做家政、护理等服务性工作，可以达到中等收入群体水平；同时大约能够拉动消费支出 4.4 万元、城镇固定资产投资 5 万元。

第二，面向科技人员及科技成果转化，完善创新收益分享机制。

科技人员是推动科技创新、产业升级的核心要素，是创造社会财富不可替代的重要力量。20 世纪 80 年代美国出台《拜杜法案》，允许科技人员享受政府资助的科研项目产生的专利权，直接推动科技成果转化率从 10% 以下迅速提高到 40% 以上；美国科学领域、工程领域高级人才平均年薪在 15 万美元左右，优惠政策和待遇吸引了全球一流科技人才，创造了源源不断的科技成果和转化价值。建议加快构建充分体现知识、技术等创新要素价值的收益分配制度，促进科技成果加速转化，全面提高科技人员收入水平，扩大中等收入群体中较高收入人员的数量。落实好赋予科研人员职务科技成果所有权、使用权及提高转化收益分享比例等相关政策，提高科研人员基础性绩效工资水平，建立绩效工资稳定增长机制，加强对创新人才的股权、期权、分红激励。建立以同行评价为基础的评价机制，对招聘高层次科研人才、急需紧缺科研人才的单位，在核定绩效工资总量时给予倾斜。扩大科研人员经费使用的自主权，加强对科研机构、高校中长期目标考核，有条件的科研机构探索实行合同管理制度，按合同约定的目标完成情况确定拨款、绩效工资水平和分配办法。

第三，面向中小微企业和创新创业群体，构建更加有力、有效的法规政策落实机制。

中小微企业、创新创业群体是扩大中等收入群体的重要"培养皿""孵化器"。2013 年至 2020 年，随着商事制度改革深入推进，我国日均新登记企业从 6800 户增加到 2.2 万户，市场主体从不足 6000 万户，增加到 1.4 亿户。但总体上看，中小微企业、创新创业群体多数处于粗放式水平，创新能力弱，专业化、特色化、精细化程度低，生存发展比较艰难。从美国小企业数据看，每年有 16%左右的新增和 14%左右的淘汰，创造的 GDP 占比 50%，科技发展项目占全美的 70%，人均创新发明是大企业的 2 倍等，这是美国经济坚实的地基。背后强大的支撑是美国小企业管理局，该局成立于 1953 年，拥有 3000 多名雇员、70 多家地区机构，为小企业提供技术援助、政府采购、市场开拓等多项支持和服务。我国从 21 世纪初颁布中小企业促进法，到近几年特别是疫情防控中出台一系列扶持中小微企业、创新创业群体政策，现在的关键是要强化落实机制。

建议围绕公平竞争、金融服务、信用担保、财税支持、创新能力培育、数字化转型等重点难点问题，一是全国人大常委会加强对中小企业促进法实施情况的执法检查，定期开展询问和质询，组织特定问题调查，推动各项法规政策落地落实。二是国务院加强对中小微企业、创新创业群体扶持政策落实情况的追踪，每年委托第三方机构评估一次，每两年组织一次大督查，强化工业和信息化部中小企业局的统筹协调职能。三是地方政府应摒弃"抓大放小"的传统思维，既要注重大企业、大项目建设，更要关心中小微企业、创新创业群体发展，做好以大带小、促小壮大的文章。要切实加强信用担保、信贷风险补偿体系建设，以弥补市场失灵，积极推动银企合作，促进银行创新服务，消除顾虑，破解融资难、融资贵问题。据课题组成员向有关部门了解，目前有多个省份在机构改革中将原中小企业局缩减为省工信部门的处室，相当数量的市、县没有设立促进中小企业发展领导小组，这也是法规政策在基层得不到落实的一个重要原因。

第三节　社会保障政策

第一，面向人口老龄化加速趋势，率先延迟高技能人才退休年龄。

高技能人才是中国制造业竞争力的重要支撑，目前需求大、缺口大。建议借鉴上海经验，率先实行高技能人才延迟退休制度，制定各项配套政策，对企业在聘的高级技师，在企业需要、本人愿意且双方协商一致的基础上，在达到法定退休年龄后，可适当延迟领取养老金。针对高技能工人、教师、医师等知识、技术密集型职业人群采用渐进式弹性延迟退休方案，赋予个人退休时间选择权。完善养老金待遇计发办法，探索设立高技能工人、教师、医师等职业法定退休年龄和最低退休年龄，为延迟退休人员适当加大待遇计发激励力度。积极开发适合退休高技能工人、教师、医师返聘的工作岗位，进一步发挥老年人经验优势，探索开通退休高技能工人获得职业院校、技工学校教师资格证书的通道。

第二，面向城乡数字化转型差距，加快数字农业、数字乡村建设，缩小"数字鸿沟"。

虽然宽带网络和第四代移动通信网络已经覆盖广大农村，但农村地区互联网普及率为 55.9%，比城镇地区低 23.9 个百分点，农村非网民占总数比重达 62.7%，约 2.6 亿人。尽管近年来农村电商一直发展迅猛，2020 年市场规模达到 3.15 万亿元，增长 37.7%，但农村网络建设特别是信息技术深度应用与城市相比，仍然存在"数字鸿沟"。数字农业、数字乡村发展潜力巨大，空间广阔，应加快推进。在数字农业方面，有专业人士估算，目前数字农业市场规模 2000 亿元，未来将是一片超过万亿元级的蓝海。聚焦农业物联网，从智能大棚、智能农机、智能遥感、农用无人机，到智能育种、灌溉、施肥、洒药、收割、销售及智能养殖等各个方面和环节，实现农业产、供、销全产业链条的数字化改造与管理，加速农村一、二、三产业融合发展，使 GDP 占 7.7%、劳动力占 26%的农业大幅提高生产效率，释放更多的劳动力转向二、三产业，提高农民收入水平。在数字乡村方面，加强新一代信息基础设施建设的同时，聚焦涉农信息、技术指导、人员培训及推广远程教育、远程医疗、金融服务进村等，提升乡村数字化服务水平，使数字化转型成果融入农村农民生产生活。

第三，面向共同富裕的长期任务，平衡要素贡献与收入分配关系，加快推进基本公共服务均等化。

《中华人民共和国国民经济和社会发展第十四个五年规划和 2035 年远景目标纲要》明确提出，"十四五"时期经济社会发展主要目标之一是"民生福祉达到新水平……全体人民共同富裕迈出坚实步伐"。[1]人工智能等新技术推动数字化转型、高质量发展，将会导致收入分配向资本、技术、人才、管理等要素倾斜，有可能拉大居民收入差距，影响共同富裕进程。目前，平均工资最高的信息传输、软件和信息技术服务业与平均工资最低的农、林、牧、渔业的收入比超过 4 倍，今后差距还会加大，要采取措施改善收入和财富分配格局。一方面，平衡资本与劳动在初次分配中的比重，适当提高劳动收入占比；通过完善再分配机制，征收收入税、资本税，合理调节过高收入，防止两极分化。另一方面，加快推进基本公共服务均等化。我国拥有 14 亿多人口，从我国国情出发，共同富裕的一个主要目标，可以确定为到 2035 年，不分城乡，不分区域，全体人民能够按照国家确定的"幼有所育、学有所教、劳有所得、病有所医、老有所养、住有所居、弱有所扶"的总体要求，享受较高水平的、均等化的基本公共服务。从"十四五"时期抓紧部署，健全国家基本公共服务标准化体系，通过三个五年规划，实现全体人民基本公共服务均等化。当务之急，要针对数字化转型中出现的高风险失业群体、灵活就业群体，把新职业、新岗位职业技能培训、新业态从业劳动者合法权益保障纳入基本公共服务体系。这也是稳定和扩大中等收入群体的重要举措。

执笔人：徐宪平、韩非池、刘蓝予

---

[1] 《中华人民共和国国民经济和社会发展第十四个五年规划和 2035 年远景目标纲要》，http://www.gov.cn/xinwen/2021-03/13/content_5592681.htm?pc。

参 考 文 献

安苑, 王珺. 2012. 财政行为波动影响产业结构升级了吗? ——基于产业技术复杂度的考察. 管理世界, (9): 19-35, 187.

白重恩, 钱震杰. 2009. 国民收入的要素分配:统计数据背后的故事. 经济研究, (3): 27-41.

白重恩, 钱震杰. 2010. 劳动收入份额决定因素: 来自中国省际面板数据的证据. 世界经济, (12): 3-27.

曹静, 周亚林. 2018. 人工智能对经济的影响研究进展. 经济学动态, (1): 103-115.

陈维涛, 王永进, 毛劲松. 2014. 出口技术复杂度、劳动力市场分割与中国的人力资本投资. 管理世界, (2): 6-20.

陈永伟. 2018. 人工智能与经济学: 近期文献的一个综述. 东北财经大学学报, (3): 6-21.

陈宇峰, 贵斌威, 陈启清. 2013. 技术偏向与中国劳动收入份额的再考察. 经济研究, (6): 113-126.

程惠芳, 唐辉亮, 陈超. 2011. 开放条件下区域经济转型升级综合能力评价研究——中国 31 个省市转型升级评价指标体系分析. 管理世界, (8): 173-174.

范剑勇, 王立军, 沈林洁. 2004. 产业集聚与农村劳动力的跨区域流动. 管理世界, (4): 22-29, 155.

国家发改委社会发展研究所课题组. 2017. "十三五"时期收入分配格局变化及其对经济社会的影响.

国家发改委社会发展研究所课题组, 常兴华, 李伟. 2012. 扩大中等收入者比重的实证分析和政策建议. 经济学动态, (5): 12-17.

郭凯明. 2019. 人工智能发展、产业结构转型升级与劳动收入份额变动. 管理世界, (7): 60-77, 202-203.

韩峰, 阳立高. 2020. 生产性服务业集聚如何影响制造业结构升级? ——一个集聚经济与熊彼特内生增长理论的综合框架. 管理世界, (2): 72-94, 219.

黄先海, 徐圣. 2009. 中国劳动收入比重下降成因分析——基于劳动节约型技术进步的视角. 经济研究, (7): 34-44.

金碚. 2011. 中国工业的转型升级. 中国工业经济, (7): 5-14, 25.

孔伟杰. 2012. 制造业企业转型升级影响因素研究——基于浙江省制造业企业大样本问卷调查的实证研究. 管理世界, (9): 120-131.

李稻葵, 刘霖林, 王红领. 2009. GDP 中劳动份额演变的 U 型规律. 经济研究, (1): 70-82.

李旻, 赵连阁. 2010. 农村劳动力流动对农业劳动力老龄化形成的影响——基于辽宁省的实证分析. 中国农村经济, (9): 68-75.

李培林, 朱迪. 2015. 努力形成橄榄型分配格局——基于 2006-2013 年中国社会状况调查数据的分析. 中国社会科学, (1): 45-65, 203.

李强, 王昊. 2017. 我国中产阶层的规模、结构问题与发展对策. 社会, (3): 163-179.

刘守英, 杨继东. 2019. 中国产业升级的演进与政策选择——基于产品空间的视角. 管理世界, (6): 81-94, 194-195.

罗长远, 张军. 2009. 经济发展中的劳动收入占比: 基于中国产业数据的实证研究. 中国社会科学, (4): 65-79, 206.

齐鹰飞, Li Yuanfei. 2020. 财政支出的部门配置与中国产业结构升级——基于生产网络模型的分析. 经济研究, (4): 86-100.

王丹枫. 2011. 产业升级、资本深化下的异质性要素分配. 中国工业经济, (8): 68-78.

王辉, 杨卿栩. 2019. 新中国 70 年人口变迁与老龄化挑战: 文献与政策研究综述. 宏观质量研究, (2): 30-54.

王永钦, 董雯. 2020. 机器人的兴起如何影响中国劳动力市场? ——来自制造业上市公司的证据. 经济研究, (10): 159-175.

吴家曦, 李华燊. 2009. 浙江省中小企业转型升级调查报告. 管理世界, (8): 1-5,9.

吴琼. 2020. 北京市自动驾驶车辆道路测试报告(2019 年).智能网联汽车, (2): 46-55.

谢伏瞻, 蔡昉, 江小涓, 等. 2020. 完善基本经济制度, 推进国家治理体系现代化——学习贯彻中共中央十九届四中全会精神笔谈. 经济研究, (1): 4-16.

亿欧智库. 2020a. 2020 年中国人工智能商业落地研究报告.

亿欧智库. 2020b. 无人驾驶, 或将促使整个物流业 "结构变革".

余泳泽, 潘妍. 2019. 中国经济高速增长与服务业结构升级滞后并存之谜——基于地方经济增长目标约束视角的解释. 经济研究, (3): 150-165.

岳昌君, 丁小浩, 周丽萍, 等. 2019. 全国高校毕业生就业调查报告. 北京: 北京大学出版社.

张建华, 程文. 2012. 中国地区产业专业化演变的 U 型规律. 中国社会科学, (1): 76-97, 207-208.

张军. 2017. 坚持改革开放和扩大中等收入群体是跨越中等收入陷阱的关键. 经济研究, (12): 17-18.

张敏. 2016. 社会支持理论视角下护工群体工作与生活现状研究——以福建省 10 家养老院为例. 2016 智能城市与信息化建设国际学术交流研讨会论文集 III: 393-394.

郑新业, 吴施美, 李芳华. 2019. 经济结构变动与未来中国能源需求走势. 中国社会科学, (2): 92-112, 206.

周茂, 陆毅, 李雨浓. 2018. 地区产业升级与劳动收入份额: 基于合成工具变量的估计.经济研究, (11): 132-147.

Acemoglu D, Guerrieri V. 2008. Capital deepening and nonbalanced economic growth. Journal of Political Economy, 116(3): 467-498.

Acemoglu D, Restrepo P. 2017. Secular stagnation? the effect of aging on economic growth in the age of automation. The American Economic Review, 107(5): 174-179.

Acemoglu D, Restrepo P.2018a. The Race between man and machine: implications of technology for growth, factor shares, and employment. American Economic Review, 108(6): 1488-1542.

Acemoglu D, Restrepo P. 2018b. Low-skill and high-skill automation. Journal of Human Capital, 12(2): 204-232.

Acemoglu D, Restrepo P. 2019. Artificial intelligence, automation and work. National Bureau of Economic Research Working Paper.

Acemoglu D, Zilibotti F. 1997. Was prometheus unbound by chance? risk, diversification, and growth. Journal of Political Economy, 105(4): 709-751.

Agrawal A, Gans J, Goldfarb A. 2018. Economic policy for artificial intelligence. Innovation Policy and the Economy, 19(1): 139-159.

Akerman A, Gaarder I, Mogstad M. 2015. The skill complementarity of broadband internet. Quarterly Journal of Economics, 130(4): 1781-1824.

Alvarez-Cuadrado F, van Long N, Poschke M. 2017. Capital-labor substitution, structural change and growth. Theoretical Economics, 12(3):8-9.

Autor D H. 2015. Why are there still so many jobs? the history and future of workplace automation. Journal of Economic Perspectives, 29(3): 3-30.

Autor D H, Dorn D. 2013. The growth of low-skill service jobs and the polarization of the US labor market. American Economic Review, 103(5): 1553-1597.

Autor D H, Levy F, Krueger A B. 1998. Computing inequality: have computers changed the labor market? .Quarterly Journal of Economics, 113(4): 1169-1213.

Autor D H, Levy F, Murnane R J. 2003. The skill content of recent technological change: an empirical exploration. Quarterly Journal of Economics, 118(4): 1279-1333.

Banerjee A, Duflo E. 2008. What is middle class about the middle classes around the world?. Journal of Economic Perspectives, 22(2): 3-28.

Baumol W J. 1967. Macroeconomics of unbalanced growth: the anatomy of urban crisis. American Economic Review, 57(3): 415-426.

Boppart T. 2014. Structural change and the kaldor facts in a growth model with relative price effects and non-gorman preferences. Econometrica, 82(6): 2167-2196.

Broekens J, Heerink M, Rosendal H. 2009. Assistive social robots in elderly care: a review. Gerontechnology, 8(2): 94-103.

Brynjolfsson E, McAfee A. 2014. The second machine age: work, progress, and prosperity in a time of brilliant technologies. Bussiness horizons,57(5):685-688.

Brynjolfsson E, Mitchell T. 2017. What can machine learning do? workforce implications. Science, 358(6370): 1530-1534.

Cheng H, Jia R X, Li D D, et al. 2019. The rise of robots in China. Journal of Economic Perspectives, 33(2): 71-88.

Chuis M, Manyika J, Miremadi M. 2016. Where machines could replace humans and where they can't (yet). McKinsey Quarterly, July.

Comin D, Danial L, Martí M. 2021. Structural change with long-run income and price effects. Econometrica, 89(1): 311-374.

Cutler D M, Poterba J M, Sheiner L M, et al. 1990. An aging society: opportunity or challenge?. Brookings Papers on Economic Activity.

Doepke M, Zilibotti F. 2005. Social class and the spirit of capitalism. Journal of the European Economic Association, 3(2-3): 516-524.

Doepke M, Zilibotti F. 2008. Occupational choice and the spirit of capitalism. Quarterly Journal of Economics, 123(2): 747-793.

Evans G W, Marcynyszyn L. 2004. Environmental justice, cumulative environmental risk, and health among low-and middle-income children in upstate New York. American Journal of Public Health, 94(11): 1942-1944.

Frey C B, Osborne M A. 2017. The future of employment: how susceptible are jobs to computerisation? .Technological Forecasting and Social Change, 114: 254-280.

Furman J. 2018. Should we be reassured if automation in the future looks like automation in the past? .National Bureau of Economic Research Working Paper.

Furman J, Seamans R. 2019. AI and the economy. Innovation Policy and the Economy, 19(1): 161-191.

Gereffi G. 1994. The organization of buyer-driven global commodity chains: how U.S. retailers shape overseas production networks// Gereffi G .Commodity Chains and Global Capitalism. Westport: Greenwood Press ：95-122.

Gereffi G. 1999. International trade and industrial upgrading in the apparel commodity chain. Journal of International Economics, 48(1): 37-70.

Gollin D, Stephen P, Richard R. 2002. The role of agriculture in development. American Economic Review, 92(2): 160-164.

Goos M, Manning A. 2007. Lousy and lovely jobs: the rising polarization of work in britain. Review of Economics and Statistics, 89(1): 118-133.

Goos M, Manning A, Salomons A. 2014. Explaining job polarization: routine-biased technological change and offshoring. American Economic Review, 104(8): 2509-2526.

Graetz G, Michaels G. 2018. Robots at work. Review of Economics and Statistics, 100(5): 753-768.

Gregory T, Salomons A, Zierahn U. 2016. Racing with or against the machine? evidence from Europe. ZEW-Centre for European Economic Research Discussion Paper.

Herrendorf B, Rogerson R, Valentinyi A. 2014. Growth and structural transformation. Handbook of Economic Growth, 2: 855-941.

Karabarbounis L, Neiman B. 2014. The global decline of the labor share. Quarterly Journal of Economics, 129(1): 61-104.

Kharas H. 2010. The emerging middle class in developing countries. OECD Working Paper.

Kongsamut P, Rebelo S, Xie D. 2001. Beyond balanced growth. The Review of Economic Studies, 68(4): 869-882.

Korinek A, Stiglitz J E. 2017. Artificial intelligence, worker-replacing technological progress and income distribution. National Bureau of Economic Research Working Paper.

Korinek A, Stiglitz J E. 2018. Artificial intelligence and its implications for income distribution and unemployment. National Bureau of Economic Research Working Paper.

Kuznets S. 1973. Modern economic growth: findings and reflections. American Economic Review, 63(3): 247-258.

Manyika J, Lund S, Chui M,et al. 2017. Jobs lost, jobs gained: workforce transitions in a time of automation. McKinsey Global Institute.

Michaels G, Natraj A, Reenen V J. 2014. Has ICT polarized skill demand? evidence from eleven countries over twenty-five years. Review of Economics and Statistics, 96(1): 60-77.

Murphy K M, Shleifer A, Vishny R. 1989. Industrialization and the big push. Journal of Political Economy, 97(5): 1003-1026.

Ngai L R, Pissarides C A. 2007. Structural change in a multisector model of growth. American Economic Review, 97(1): 429-443.

Oberfield E, Raval D. 2021. Micro data and macro technology. Econometrica, 89(2): 703-732.

Poon T S C. 2004. Beyond the global production networks: a case of further upgrading of Taiwan's information technology industry. International Journal of Technology and Globalization, 1(1): 1-30.

PwC. 2018a. The macroeconomic impact of artificial intelligence. https://www.pwc.co.uk/ economic-services/assets/macroeconomic-impact-of-ai-technical-report-feb-18.pdf[2022-07-25].

PwC. 2018b. What will be the net impact of AI and related technologies on jobs in China?. https://www.pwc.com/gx/en/issues/artificial-intelligence/impact-of-ai-on-jobs-in-china.pdf [2022-07-25].

Sachs J. 2018. R&D, Structural transformation, and the distribution of income. National Bureau of Economic Research Working Paper.

Seamans R, Raj M. 2018. AI, labor, productivity and the need for firm-level data. National Bureau of Economic Research Working Paper.

Shoham Y, Perrault R, Brynjolfsson E,et al. 2018. The AI index 2018 annual report. AI Index

Steering Committee, Human-Centered AI Initiative.

Thompson L, Snyder C, Hoffman L. 2005. Heartland forgiveness scale. Faculty Publications, Department of Psychology.

Trajtenberg M. 2018. AI as the next GPT: a political-economy perspective. National Bureau of Economic Research Working Paper.

UN Department of economic and social affairs. 2017. World Population Prospects: The 2017 Revision.

US Census Bureau. 2000. The changing shape of the nation's income distribution: 1947-1998.

van Kerm P, Jenkins S P. 2009. The measurement of economic inequality. Oxford Handbook on Economic Inequality: 40-67.

Wang F, Zhao L, Zhao Z. 2017. China's family planning policies and their labor market consequences. Journal of Population Economics, 30(1): 31-68.

Wolfson M C. 1994. When inequalities diverge. American Economic Review, 84(2): 353-358.

Zhou G, Chu G, Li L, et al. 2020. The effect of artificial intelligence on China's labor market. China Economic Journal, 13(1): 24-41.

Zhou Y X, Tyers R. 2019. Automation and inequality in China. China Economic Review, 58: 101202.